Avec du cœur, tout est possible !

À Jean, Sylvie et Tom qui m'ont donné
le goût de l'aventure, la passion de l'océan
et la joie de vivre.

Je remercie également tous les sponsors
de la STEF Windsurf Transatlantic,
sans qui je n'aurais pas pu
réaliser ce projet et repousser mes limites.

Sarah Hébert

avec Hugues Marchat

AVEC DU CŒUR, TOUT EST POSSIBLE !

Traverser l'Atlantique à la rencontre de soi-même et des autres

Préface de Luc Alphand

EYROLLES

Groupe Eyrolles
61, bd Saint-Germain
75240 PARIS Cedex 05

www.editions-eyrolles.com

ISBN : 978-2-212-55780-0

SOMMAIRE

PRÉFACE

J'ai rencontré Sarah par hasard lors d'une conférence pour un partenaire commun à Bruxelles. Tout de suite, le ***feeling*** est passé. Une affinité naturelle entre deux sportifs de haut niveau. Même si nos disciplines sont aux antipodes, nous nous sommes porté un respect mutuel immédiat. Certainement parce que je sais que pour en arriver là, elle a dû faire des sacrifices et prouver son professionnalisme. En voyant cette jeune femme pleine de peps, souriante et avenante, je me suis dit « ouah » !

Ce qui caractérise Sarah, c'est sa soif de vie, de découverte, d'aventure. Elle vit avec un grand V, cela se sent et se voit ! Cette joie de vie communicative et participative est son principal atout. Alors vous imaginez bien que lorsqu'elle m'a demandé d'être son parrain pour sa traversée de l'Atlantique en planche à voile, c'est tout naturellement que j'ai accepté et avec grand plaisir. Une belle occasion de partager mon expérience, mes échecs et mes réussites, ainsi que quelques conseils sur la gestion de projet.

Au fil des mois de préparation et pendant son épopée en mer, nous avons tissé des liens solides et sincères. À ses côtés par téléphone, j'ai vécu ses moments de joie mais aussi les coups durs.

Avec Sarah, nous partageons les mêmes « fondements de vie ». Mon accident de moto n'y est sans doute pas pour rien. Quand la chaise roulante menaçait de m'accompagner jusqu'à la fin, ma vision de la vie a brutalement changé. Le handicap pour toujours fait peur ; j'ai tout fait pour me rattraper et en profiter à fond. Quant à Sarah, l'implantation qu'elle a subie a dû certainement renforcer ses convictions. Elle a pris le large avec sa planche à voile pour montrer qu'« avec du cœur, tout est possible ». Son message m'a touché en plein cœur.

Je crois que pour réaliser des projets comme les siens ou encore les miens, il faut avant tout être positif. Les ressources sont en nous, mais elles sont parfois difficiles à cerner. Garder le sourire avec les autres, vivre ses rêves, ne pas enterrer ses projets, sont autant de pistes pour être heureux. Ne pas hésiter à avoir du culot aussi ! Le tout est de se décider à changer, à bouger.

Pour moi, la gestion de projet équivaut à vivre sa vie. En tout cas, je ne conçois pas la mienne autrement. Et peu importent les échecs, il faut être prêt à les accepter, le sport nous l'enseigne très bien. La finalité n'est pas le seul objectif d'un projet, comme l'illustre la traversée de Sarah, une aventure globalement fantastique.

Luc Alphand, ex-champion français de ski

INTRODUCTION

Après deux ans intensifs passés au rythme des préparatifs de ma traversée de l'Atlantique en planche à voile, quand j'ai touché terre à Saint-François, en Guadeloupe, en mars 2012, il a fallu débuter une épreuve non des plus faciles : dresser le bilan de mon aventure. C'est alors qu'a commencé une seconde traversée, celle de l'introspection ! J'ai dû accepter la tournure qu'avait prise mon aventure, tirer les conclusions et l'apprentissage de cette expérience et créer de nouveaux projets. Pendant quelques semaines, mon cerveau a été quelque peu déboussolé. Je n'avais pas vraiment pensé à l'après et mon projet me manquait déjà. Je n'avais pas envie que cela se termine.

De retour en Bretagne, j'ai repris mes activités nautiques préférées : surf, Stand Up paddle, kitesurf et un peu de planche. C'est alors que j'ai fait la connaissance d'Hugues Marchat. Au retour d'une intervention pour l'un de mes principaux sponsors, un ami commun m'a encouragée à rencontrer ce windsurfer passionné, par ailleurs dirigeant et consultant spécialisé en gestion de projet. Hugues connaissait mon appétence pour la communication et souhaitait me rencontrer. Très naturellement, nous sous sommes associés pour finaliser le bilan de ma traversée. Cette étape m'a permis de me projeter dans mes nouvelles aventures. En attendant de commencer mes prestations de conférencière aux côtés de l'équipe d'associés d'Hugues, j'ai commencé à écrire le livre de la traversée.

Avant d'affronter les vagues de l'Atlantique sur ma planche, j'avais envisagé de faire appel à un nègre pour écrire ce livre, à l'instar de nombreux sportifs. À mon retour, cette idée m'a paru dénuée de sens. Qui mieux que moi pouvait raconter ce que j'avais vécu ? J'ai donc pris ma plume pour écrire ce livre page après page. Certes, il s'agit d'un récit d'aventure, mais pas seulement. J'ai également voulu donner à cet ouvrage une touche pédagogique. J'espère qu'il vous aidera à passer à l'action pour faire d'un rêve une réalité. C'est pourquoi j'ai demandé à Hugues d'ajouter son analyse d'expert en gestion de projet. Avec sa sensibilité de véliplanchiste et son professionnalisme, il a pris soin de commenter les différentes étapes de mon aventure, sans oublier de prodiguer quelques conseils utiles.

Une belle rencontre...

La rencontre avec un sportif de haut niveau est toujours un moment particulier, surtout s'il s'agit d'un champion du sport que vous pratiquez, et *a fortiori* si cette discipline est une passion.

Lorsque j'ai vu Sarah pour la première fois, nous n'avions pas encore échangé et encore moins parlé de nos projets futurs. Comme elle le relate ci-dessus, c'est un ami commun, lui aussi passionné de windsurf, qui me l'a désignée alors qu'elle décollait de la plage de Saint Colomban, à Carnac. J'ai tout de suite été conquis pas son style fluide, sa maîtrise des éléments, mais aussi cette glisse toute particulière qui fait la différence entre les amateurs et les professionnels... Puis par le biais d'échanges par e-mail et par téléphone, j'ai proposé à Sarah de l'accompagner non seulement dans le bilan de son projet transatlantique, mais aussi dans la construction de ses projets futurs.

L'idée du livre est venue naturellement au cours de nos échanges. Il me semblait intéressant, au-delà de l'exploit sportif et humain, de porter aussi un regard « technique » sur le projet, comme une sorte d'audit. Cependant, à la différence de tous les projets que j'ai dû analyser jusqu'ici, celui-ci mêle passion, sport et nature, des dimensions qui, si on les analyse finement, ont un impact considérable sur la gestion d'un projet.

→

→
Ce projet, tant dans sa préparation que dans sa réalisation et son bilan, reste avant tout une histoire humaine passionnante. L'analyse faite par Sarah des acteurs et de leurs comportements face aux éléments est d'une incroyable richesse. Son expérience vous permettra de transposer des clés de compréhension vers vos projets personnels et professionnels.

Désormais, Sarah m'accompagne, ainsi que mes associés, dans nos aventures professionnelles à travers des conférences sur ce projet transatlantique. Elle communique ainsi sa formidable énergie, sa vision de la vie, ainsi que sa prise de recul et son analyse. L'aventure se poursuit ainsi aussi à terre, pour le plus grand plaisir de nos clients et de vous, lecteur !

CHAPITRE 1

LA GENÈSE D'UN RÊVE

ASSISE AU MILIEU DE L'OCÉAN

Postée sur ma planche au milieu de l'océan, quelque part entre l'Afrique et les Antilles, je compte le nombre de tours que fait mon matériel. Emportée par le vent et le courant, je dessine d'interminables cercles dans ce bleu abyssal. Dans trois tours, j'y retourne. Je me relèverai et redresserai ma voile pour continuer mon chemin.

Les vagues sont hautes de quatre mètres et leurs crêtes écumeuses menacent mon fragile équilibre. Les pieds plantés de chaque côté de mon flotteur à moitié sous l'eau, je suis reliée à mon matériel par une ligne de vie : un cordage dont l'une des extrémités est attachée dans le dos de mon harnais et l'autre fixée à mon *footstrap,* la sangle qui me permet de caler mon pied sur la planche. Si malencontreusement une vague me happe au passage, ce cordon ombilical me permettra de retrouver mon embarcation. Ici, le plus gros risque est de perdre ma planche. Sans elle, dans ce bleu abyssal éloigné des côtes d'au moins huit cents kilomètres, mes chances de survie sont infimes. Cela dit, mieux vaut cela peut être, plutôt qu'une longue agonie sur mon « radeau de La Méduse ». Car si mon bateau suiveur qui m'a perdue de vue il y a un quart d'heure ne me retrouve pas, je ne donne pas cher de ma peau dans les quarante-huit prochaines heures.

Le vent ne cesse de se renforcer et la couleur de la mer s'assombrit sous les épais nuages qui passent au-dessus de ma tête. Violente et majestueuse, la mer me réserve son bouquet final. Son voile bleu marine semble s'étendre à l'infini. Sous mes pieds, j'imagine la présence d'une colonie de créatures dignes d'un roman de Jules Verne, toutes aussi excitées les unes que les autres, au vu de l'état de la surface de l'eau. La moindre vaguelette recouverte de mousse pourrait annoncer l'apparition soudaine d'un animal marin. Dans ce décor digne des plus grandes batailles navales de l'Histoire, je suis là, assise sur mon « engin » de plage, avec pour seule chance de survie mon matériel de communication. J'extrais de mon sac à dos la VHF[1] et contacte mon équipe : « *Neptune Car's pour Sarah. Neptune Car's pour Sarah.* » Leur réponse est à peine audible : « *Oui… reçoit…* »

À deux milles derrière moi, Neptune Car's, mon « garde du corps », assure ma sécurité. En route pour faire cap sur la Guadeloupe, ce beau catamaran de quinze mètres de long sur dix mètres de large est mon seul amer[2] sur cet océan. Son mât qui surplombe le niveau de la mer à plus de vingt mètres me rappelle que je ne suis pas seule dans ce désert liquide. En général, au bout d'une demi-heure après mon départ, mon équipe commence à me perdre de vue. Quant à moi, par bonne visibilité, j'arrive à distinguer ce petit point blanc à l'horizon sur l'arrière pendant deux heures, avant de me retrouver dans le vide océanique. Dans ce cas-là, je m'arrête, comme en ce moment. C'est l'occasion pour mes muscles de quitter leur position de navigation. Après avoir indiqué mes coordonnées GPS à l'équipe, j'attends patiemment que le bateau réapparaisse, à la manière d'un vaisseau pirate, à une exception près : je suis toujours bien soulagée de voir mon assurance-vie revenir dans mon champ de vision.

Je suis la seule à pouvoir garantir ma sécurité. Si je n'arrive pas à donner des nouvelles au bateau, mon équipe ne me voyant pas,

1. « *Very high frequency* ». Cet appareil portatif est une sorte de téléphone qui permet de contacter tous les navires ou avions dans un rayon de trois à six milles nautiques, soit cinq à dix kilomètres alentours.
2. Objet fixe sur une côte servant de point de repère pour la navigation.

je rejoindrai la longue liste des disparus en mer. Tout cela je le sais, et pourtant, je n'y pense pas.

J'ai mal partout. Les vagues qui explosent autour de moi me secouent dans tous les sens, mais je n'ai pas peur. Le soleil et les embruns me brûlent les yeux, j'ai soif et j'ai faim, et pourtant, comme je me sens bien ! À ma place. Là au milieu de l'océan Atlantique, sur ma planche à voile. J'en ai tellement rêvé.

Le soleil est au zénith, ce qui signifie que je dois encore naviguer au moins quatre heures pour remplir mon contrat de huit heures de navigation par jour. Pour éviter de passer mon temps à regarder ma montre, j'ai décidé de faire comme les « anciens » : je me base sur la hauteur du soleil sur l'horizon pour en déduire l'heure. C'est aussi une façon pour moi de changer de dimension. Ici, en plein océan, ce ne sont vraiment pas les aiguilles d'une montre qui déterminent les événements de la vie. Je vis donc au rythme de cet astre, à une cadence naturelle qui me convient pleinement.

Alors que j'observe un poisson sautant juste devant ma planche, une vague plus grosse que les autres me déstabilise et me projette brutalement à la mer. Le bras tendu vers le ciel, je maintiens mon sac de vivres en l'air. Encore une fois, je vais manger salé… Tant pis, les minéraux, c'est bon pour les sportifs, et avec la sudation, j'ai besoin de sel. Mes papilles gustatives ne doivent pas être tout à fait d'accord, elles qui en ont franchement assez de se faire décaper le palais au gros sel…

Soudain, du haut de la crête où m'a hissée cette énorme vague, j'aperçois le bateau au loin. La pause fruits secs est terminée, il est temps de se remettre en route.

La motivation, kérosène des projets…

Comment Sarah fait-elle pour se retrouver au milieu de l'océan sur un morceau de résine polyester et de carbone d'à peine 2,5 mètres de long, qui la porte difficilement et reste trempé toute la journée, sans avoir peur et même en y prenant du plaisir ?

Pour vous restituer l'exploit (ou l'inconscience), imaginez que lorsque je suis seul à plus d'un mille (1 852 mètres) des côtes en windsurf, je commence à être réellement inquiet ; et si le moindre ennui technique survient, mon inquiétude se mue rapidement en peur…

Est-il inutile de rappeler que la motivation est la clé de la réussite des projets et de la performance ? Pas si sûr… Ce facteur si négligé, tant sur le plan personnel dans chacune de nos actions que dans la vie professionnelle, est essentiel pour réussir. Par conséquent, est-il réellement envisageable de s'impliquer dans des projets uniquement lorsque l'on est motivé pour cela ?

Finalement, ce n'est pas si compliqué…

Sur le plan personnel, il est nécessaire de réfléchir pour savoir ce que l'on veut faire de sa vie, se prendre en main, faire le tri et dire « non ! ». Votre entourage ne comprendra peut-être, mais au moins, vous serez en accord avec vous-même ! N'est-ce pas là l'essentiel ? Vous réaliserez alors que vous débordez d'énergie pour agir : en fait, vous êtes simplement motivé. De même, réfléchissez à ce qui traîne, ce qui est difficile à faire, voire douloureux, et vous comprendrez pourquoi.

Sur le plan professionnel, les choses se compliquent, car le champ des contraintes est encore plus fort… « Si je ne m'implique pas dans tel ou tel projet, je perds mon job… » À l'heure ou les ressources se raréfient et la charge de travail augmente, les projets doivent être réalisés avec moins de moyens. Par conséquent, pour choisir un chef de projet et constituer une équipe, il faudrait commencer par interroger chacun sur sa motivation. Cela donnera un premier aperçu de la performance que l'on sera en droit d'attendre pendant le déroulement du projet en question. Et n'oubliez pas : être motivé ou pas ne fait pas partie des savoir-être. C'est un état dans lequel on peut être si les objectifs à atteindre conviennent : on est seulement « motivé par quelque chose », par tout ou partie des objectifs du projet.

Quelques conseils

- À titre personnel, listez ce qui vous motive et ne vous motive pas.
- Si possible, évitez de faire des choses qui ne vous motivent pas.
- Hiérarchisez cette liste dans le temps (long, moyen, court terme).
- Dans le cas d'un projet profesionnel, interrogez les acteurs principaux sur leurs réelles motivations.
- Utilisez les motivations de chacun comme bras de levier, vous saurez sur quel bouton appuyer pour exiger de la performance.

SORTIR DU PÉRIMÈTRE DE LA COMPÉTITION

À vingt-sept ans, je suis en train de vivre ma première traversée de l'Atlantique. Et pour ce faire, j'ai choisi mon support de prédilection, la planche à voile. Ma planche grand public qui n'a connu que des plages, se retrouve désormais seule en pleine mer. Cette sorte de planche de surf dotée d'une voile montée sur un mât est en fait un simple « engin » de plage réservé à un usage côtier. Elle n'a en aucun cas été conçue pour traverser un océan. Frêle embarcation de 2,5 mètres maximum, elle est propulsée par une voile de six mètres carrés en moyenne : rien à voir avec les voiliers équipés pour le large qui mesurent au minimum six mètres et naviguent avec plus de cent mètres carrés de voilure !

J'oubliais, en planche, pas de *winch*, pas de taquet ni de poulie pour démultiplier sa force. Impossible également de lâcher sa voile pour aller se préparer un petit café. Le planchiste gainé de tous ses muscles est comme le cadre d'un vélo : or, sans cadre, plus de propulsion. En planche, c'est la même chose : le vent qui souffle dans la voile crée de l'énergie. Cette énergie passe par les muscles du sportif qui, en la transmettant à la planche par ses appuis plantaires, la fait avancer. C'est un vrai conducteur d'énergie. En mer, le vent est la seule énergie qui puisse être utilisée par un véliplanchiste. Inutile aussi de préciser qu'il n'y a aucune surface habitable… Une fois en mode navigation, on avance, et c'est tout. Pour s'arrêter, il faut lâcher sa voile, la poser sur l'eau, et s'asseoir comme on peut sur son flotteur.

Tout cela, je le sais, mais comme disait le boxeur américain Muhammad Ali (né Cassius Clay), « *Impossible is nothing* »[1]. Alors pourquoi je ne pourrais pas traverser un océan en planche à voile grand public ? L'idée a germé dans ma tête en 2006, mais en réalité, mon envie d'aventure et de grand large est née bien plus tôt.

Un mois après ma naissance en Nouvelle-Calédonie, en 1984, j'ai embarqué pour un voyage avec mes parents sur un voilier, un beau ketch de quatorze mètres. Ma mère, Sylvie, était infirmière, mon père, Jean, bijoutier. Ils avaient tous deux vingt-cinq ans quand ils ont décidé de s'installer à l'autre bout de la planète. Ma mère était passionnée de mer et monitrice de voile en colonie de vacances l'été à Noirmoutier. Quant à mon père, champion de France amateur d'enduro, il ne connaissait la mer que par de rares sessions de planche à voile avec ma mère sur l'Étang de Vaccarès, en Camargue. Très vite, peu de temps après leur arrivée en Nouvelle-Calédonie, ma mère repéra un beau bateau, Gamin 3. Amoureux, mon père accepta de l'acheter — une acquisition qui bouleversera leur destin. Alors que je n'avais qu'un mois, ma mère annonça à mon père qu'elle aimerait prendre le large. Porté par l'amour et curieux de nature, mon père décida d'embarquer pour l'inconnu. La confiance donne des ailes, assurément.

1. L'impossible n'est rien.

Direction l'Australie, pour vivre autrement. Nous n'avions rien prévu, ni la durée, ni le trajet de notre périple. Finalement, il durera onze ans ! Onze années de bonheur autour du monde avec un petit frère, né à l'île de La Réunion. Expérience unique et éducation atypique. C'est pour moi le plus beau cadeau que nous aient fait nos parents.

Australie, Papouasie Nouvelle-Guinée, Île Maurice, Île de la Réunion, Afrique du Sud, Mozambique, Tanzanie, Madagascar, Mayotte, Kenya… À travers le hublot, mon terrain de jeux s'étirait sur des kilomètres et changeait de visage au rythme des mouillages. J'ai appris à vivre sur l'océan, avec ses avantages et ses inconvénients. Très tôt responsabilisée aux risques de la navigation, j'ai développé des compétences liées à l'adaptabilité, qui me servent encore aujourd'hui. À force d'observer mon environnement, je suis devenue de plus en plus sensible à ses signaux, sachant ainsi anticiper certains dangers. Après « l'école », dispensée *via* le CNED par mes parents, chacun à tour de rôle, je me baladais avec les enfants des villages ou avec mes petits voisins de mouillage.

Grâce à la confiance que me portaient mes parents, j'ai bénéficié d'une précieuse liberté. De ces moments de découverte, je garde des souvenirs magiques : au fil des rencontres, les pieds nus, j'allais de case en case, je découvrais de nouveaux sentiers et de nouvelles saveurs, j'écoutais de nouveaux langages.

Enfance et adolescence, l'empreinte...

À enfance exceptionnelle, vie exceptionnelle. Le parcours de Sarah n'a rien d'anodin. Même si « les chiens ne font pas des chats » et si « pour savoir où l'on va il faut savoir d'où l'on vient », il semble nécessaire de mieux se connaître et de retracer son propre parcours dans le temps pour atteindre ses objectifs personnels. Il est indispensable de faire un point sur son vécu, car il donne de bonnes indications, notamment sur ce que l'on a aimé ou pas faire. Avant que la vie ne nous l'impose, savoir dresser des bilans intermédiaires permet de poser de nouveau des bases, de retravailler les fondations mêmes de notre quotidien. Si l'on s'écarte trop de la route qui nous convient, le corps saura nous le rappeler, à travers des symptômes plus ou moins forts, et nous dire que l'on n'est pas sur le bon chemin.

Se connaître, c'est dans un premier temps connaître son histoire, son passé, ses racines. Les personnes âgées, en retrait de nos vies modernes, ont le temps de nous mettre en garde sur certaines étapes : la croissance, l'adolescence, les quarante ans, etc. La proximité des parents et des grands-parents, le temps qu'on peut leur consacrer à les écouter, à les cajoler parfois, est précieux.

Difficile d'imaginer pour ceux qui ne l'ont pas vécu ce qu'est la vie sur un bateau. Cela suppose de partager, communier avec les éléments (tout est toujours en mouvement), ainsi qu'avec l'équipage sur une surface vraiment toute petite (un bateau de quinze mètres, c'est à peine vingt mètres carrés habitables...) dont on ne peut pas s'échapper. Il faut composer avec les autres, s'adapter, intégrer l'environnement dans son fonctionnement quotidien et y adapter sa manière d'être et de faire, vivre en rythme avec la mer, la météo, etc.

Sarah me parle souvent d'écologie, de communion avec la nature. Elle est un bon exemple de cette communion qui lui semble si naturelle, de cette liberté, ainsi qu'une traduction « en vrai » de ce dont beaucoup d'entre nous ont rêvé sans jamais oser le faire : larguer les amarres et partir à la conquête du monde.

→

Pourtant, elle a choisi pour ce projet de partir sur une planche à voile seule sur l'océan, avec pour principal objectif d'« être au milieu de l'océan ». Rétrospectivement, on peut se demander quel était finalement son projet. Communier seule avec l'océan ? Relever un défi sportif unique en solitaire ? Réaliser une traversée en windsurf avec assistance ? Nous verrons plus loin que cette question sur le but du projet, très loin d'être anodine, conditionne toute la suite de l'histoire...

Quelques conseils

- De temps en temps, revenez vers vos racines, prenez le temps d'analyser votre histoire.
- Tracez votre histoire sur un axe des temps, avec les périodes.
- Prenez conscience du temps consommé et du temps qui reste.
- Listez les projets qui vont ont rendu heureux.
- Imaginez les projets que vous aimeriez mettre en œuvre et écrivez en clair leur but sous forme de phrase complète : sujet, verbe et complément.

DIFFICILE ACCLIMATATION

Même si je barrais le bateau depuis l'âge de quatre ans, je n'avais jamais navigué toute seule avant notre escale à La Réunion. Deux ans plus tard, c'était chose faite, avec mes premiers entraînements à bord d'un Optimist. Vint ensuite l'expérience de la compétition : sous les yeux écarquillés de mes parents, je me suis écartée du protocole de la régate. Ce jour-là, la mer était belle et le parcours correctement ancré. Je devais, comme tous les autres enfants, tourner autour d'un parcours délimité par des bouées. Le premier qui arrive a gagné, c'est le principe même de la compétition. Oui, mais ce n'était pas évident pour tout le monde et il semble que j'avais d'autres priorités. Alors que j'effectuais mon deuxième tour, un banc de dauphins jouant au large, j'ai décidé de sortir de la zone de navigation pour rejoindre mes amis les bêtes. Mes parents ont certainement dû penser que la compétition n'était vraiment pas faite pour moi. C'était sans compter la découverte de ma future passion, dix ans plus tard. J'y reviendrai plus loin...

Après onze ans de bons et loyaux services, Gamin 3 a été vendu. Une épreuve difficile pour mon père. Ma mère commençait à désespérer de ne pouvoir trouver d'acheteur. En effet, soucieux de léguer sa monture à un cavalier digne de sa confiance, mon père « réservait » systématiquement à chaque acquéreur potentiel un questionnaire précis pour vérifier si ce dernier serait capable de braver les océans avec notre bateau, et surtout pour en connaître l'utilisation. Pas question de laisser cette belle embarcation végéter au ponton ! Celle qui avait fait la joie de toute une famille devait absolument retrouver un cocon où la joie de vivre et les enfants rythmeraient ses excursions. Autant dire qu'il a fallu plusieurs mois avant de pouvoir quitter notre seule et unique maison...

À l'époque, j'étais petite et ne me rendais pas vraiment compte, mais le choc fut plus violent à notre arrivée à Poitiers, quand pendant plusieurs semaines mes parents se sont demandé où ils allaient s'installer. Rapidement, l'Europe a été éliminée, au grand soulagement de mon frère Tom et moi, qui, emmitouflés sous des couches successives de polaire, avions l'impression d'être des survivants dans ce monde d'Esquimaux. Finalement, nous avons opté pour la Nouvelle-Calédonie, en raison de son cadre de vie et de son système d'éducation et de santé. Même si nous étions de retour sous les cocotiers, l'adaptation n'en a pas été plus facile pour autant. Arrivée pour la fin du CM1, j'ai découvert un monde rythmé par les règles, les principes, bref « les choses que l'on est censé faire à telle heure et à tel endroit ». Plus concrètement, j'étais toujours un peu perdue quand, au fil de la journée, après avoir successivement changé de matières, la sonnerie retentissait et qu'il fallait jouer dans la cour de récréation à des jeux qui semblaient être prédéterminés par le groupe. Mais moi, je n'avais pas envie de jouer à ce moment-là ! Et puis j'avais vraiment l'impression d'être à côté de la plaque quand mes camarades me parlaient de dessins animés que je n'avais absolument pas vus, puisque nous n'avions pas encore de télévision. Pour ma part, j'essayais d'échanger sur les merveilles de la nature en leur parlant des dauphins que j'avais vus la veille ou de mes histoires de bateau, mais ça n'avait pas vraiment l'air de les intéresser. Alors il a bien fallu que j'apprenne à sauter à la corde, à jouer à l'élastique ou à la marelle, et que je me tienne informée de l'actualité des programmes télévisés pour enfants. Sans parler d'une chipie qui, craignant que je triche, dressait systématiquement son livre entre nous deux, formant comme un mur. N'importe quoi ! Tricher, mais pour quoi faire ?

Un jour, alors que j'essayais par curiosité le vieux matériel de planche à voile de mes parents, dans la grande baie de Sainte-Marie, à Nouméa, mes doigts se sont pris dans l'avant du *wishbone*, la pièce qui permet de tenir la voile. Il avait suffi d'une rafale de vent pour retourner le gréement et ma main avec. Bilan : deux doigts cassés. Ma mère m'a fait une attelle, bien plus pratique qu'un plâtre sous ces latitudes humides et chaudes. Ce malheureux incident a eu tout de même de graves conséquences, puisque mon institutrice de l'époque m'a mené la vie dure ainsi qu'à mes parents. À la reprise de l'école le lundi, qui était le jour de la dictée — un douloureux début de semaine pour moi, qui ai quelques lacunes en orthographe —, mon institutrice n'a pas cru mon histoire et commencé par me taper sur les doigts avec sa règle en plastique. Puis elle a dû se rendre compte, étant donné mon air pour le moins crispé, que cela devait être vrai. Elle a alors eu l'idée de m'envoyer faire le tour des classes pour trouver une machine à écrire. À l'époque, j'étais très timide et cette épreuve s'est transformée en véritable supplice. Mais ma dictée a été écrite. Le pire restait à venir… Elle a adressé un sermon à mes parents, à ma mère en l'occurrence, qui commençait à se remettre en question, voire culpabiliser : « *Vous ne vous rendez pas compte que votre fille est mauvaise élève ? Que vous ayez envie de vivre une vie de bohème, de marginaux, pourquoi pas ? Mais l'imposer à vos enfants, c'est vraiment de l'inconscience. Résultat, votre fille n'est bonne qu'à être technicienne de surface.* »

Le droit à la différence dans les projets…

Sarah « gêne » à son retour « sur terre », car elle est différente. Elle ne correspond pas aux codes, aux rites, à la culture. Or, on ne change pas notre environnement qui évolue très lentement. C'est pour cela que nos organisations, nos vies parfois, changent lentement (sauf logique de rupture, nous en reparlerons plus loin).

Si le droit à la différence est revendiqué, même dans une société libérale, il est finalement très difficile d'être différent, voire performant. Pourtant, la performance et la différence attirent : on est adulé dans un premier temps (on déclenche de la curiosité), avant d'être rapidement critiqué (on suscite de la jalousie).

Or, l'innovation, la différence et la performance sont l'essence même de « l'esprit projet ». Il existe certainement une contradiction entre ce que l'on attend d'un projet et les acteurs qui y participent. Dans un projet, ce sont les objectifs qui doivent nous guider, non pas le chemin pour les atteindre. Dans nos sociétés marquées par un trop-plein de procédures, on s'attarde trop sur le processus et le chemin, en négligeant les objectifs.

Si vous devez mettre en œuvre un projet, associez-vous avec ces personnes « différentes » et acceptez leurs différences. Elles trouveront des chemins, des voies, souvent plus performantes pour atteindre les objectifs. →

→

Cette aversion pour la différence est certainement l'un des facteurs de blocage de notre culture judéo-chrétienne et latine par rapport à une approche anglo-saxonne, beaucoup plus centrée sur les objectifs du projet. Faire autrement, être différent, c'est sortir du cadre de l'éducation classique, des notions de bien et de mal qui empêchent d'oser. Cela influe fortement sur nos pratiques managériales qui finalement laissent peu de place à la liberté et à la créativité.

Pourrait-on imaginer d'accepter que les plus hauts postes soient un jour confiés à des personnes autodidactes et différentes dans leur approche des choses ? En France, on favorise les diplômes, on centralise, on encourage les procédures et autres processus industrialisés... Cela fait de nous au final des personnes beaucoup moins humaines. La caractérisation, l'étiquetage, l'uniformité à travers des modélisations dépersonnalisent. Or chaque être humain est unique. Pourquoi chercher à tout prix à le faire rentrer dans des cases ?

Quelques conseils

- Construisez une équipe projet multiculturelle et complémentaire.
- Soyez à l'écoute de ceux qui sont différents de vous.
- Prenez le temps d'interroger ceux qui se montrent performants.
- Construisez votre propre processus, ne cherchez pas à ressembler à qui que ce soit.
- Acceptez votre différence, acceptez-vous.

NAISSANCE D'UNE PASSION

Été 1999. Pour rejoindre la piscine du Ouen Toro, où je m'entraînais à la natation synchronisée, je parcourais à vélo l'avenue qui borde la plus belle baie de Nouméa en Nouvelle-Calédonie : l'Anse Vata. Comme souvent en été, l'alizé soufflait et le soleil donnait des couleurs paradisiaques au lagon. Sur des planches aux voiles de couleur fluorescente filant sur cette eau bleu turquoise, sous la rangée des cocotiers, les planchistes en maillot arboraient tous un large sourire. Le tableau était idyllique. C'était un jour comme les autres, mais une fois n'est pas coutume, la beauté de ce sport et l'adrénaline que devait procurer sa vitesse m'ont attirée irrésistiblement, au point d'avoir envie de réessayer. Je n'ai pas mis longtemps à dépoussiérer la vieille planche de mes parents qui traînait dans le garage. Le vent soufflait tous les jours, un temps propice à passer mes journées sur le *spot*[1] de la côte Blanche à apprendre ce sport magique. Si vous connaissez un planchiste, demandez-lui s'il se rappelle de son premier planning. Vous serez surpris par sa réaction. Le planning désigne le moment où la planche, sous l'effet de la vitesse, passe au-dessus l'eau et perd donc une partie de son adhérence. La sensation est grisante, on a vraiment l'impression de voler.

Cette passion aurait pu rester un loisir si je n'avais pas été remarquée ce même été par mon futur entraîneur, Pierre-Yves Leroux. Ce dernier m'a proposé un marché : dès que je saurais « jiber »[2], il m'intégrerait dans son « *team* ». En quinze jours, je maîtrisais cette manœuvre. Même si l'équipe n'était composée que de garçons, il était hors de question de les ralentir. Je me suis accrochée et mon niveau a crû de jour en jour. Huit mois plus tard, Pierre-Yves m'a inscrite au championnat de France Jeunes à Hyères Les Palmiers,

1. Endroit où l'on pratique les sports de glisse.

2. « *To gibe* » signifie tourner en s'écartant du vent, ce qui pourrait se traduire par « empannage à pleine vitesse ».

dans le Var. Nous étions à la Toussaint, il faisait vraiment très froid. Sur la plage, les différentes équipes se préparaient. Les filles avaient l'air en forme et habituées à ce genre d'événement. Recroquevillée sous ma combinaison, je me demandais vraiment ce que je faisais là. Je suis partie à l'eau tremblante de peur ou de froid, je ne sais plus. La magie a opéré quelques minutes plus tard, dès que j'ai enclenché mon chronomètre. Le stress s'est envolé et j'ai fait ce que j'aimais le plus au monde : naviguer. À l'arrivée, ma première victoire était de bon augure, puisque j'allais gagner toutes les manches, remportant ainsi mon premier championnat. Je ne semblais pas *a priori* destinée à la compétition, mais qu'y a-t-il de mieux pour une adolescente que de s'amuser dans son sport, de le faire bien et d'être valorisée pour ce bon travail ?

Ma carrière sportive pouvait donc commencer. Le démarrage a nécessité pas mal de « débrouille ». J'ai dû trouver des sponsors, m'auto-entraîner, mon coach ayant quitté le groupe, voyager seule avec tout mon matériel jusqu'au bout de la planète… Ce n'était pas toujours chose facile, pour une jeune fille de seize ans. J'en ai gardé des souvenirs extraordinaires, mais j'ai aussi vécu de grands moments de solitude, parfois empreints de doutes. Mais quelle belle expérience !

Par exemple, j'ai participé avec l'aide de Dorota Staszewska, une Polonaise championne du monde de Formula windsurfing, à mes premiers championnats d'Europe en Pologne. J'y ai été accueillie par une famille très sympa à Sopot. Mais avant d'arriver à destination, quelle épopée ! Après vingt-quatre heures de voyage, j'ai pris mon avant-dernier vol pour Varsovie dans un coucou émettant un bruit de tracteur. Sans oublier les turbulences qui n'ont rien fait pour me rassurer. Après avoir atterri, je devais changer de terminal avec mes quatre-vingts kilos de bagages, dont ma planche d'un mètre de large. Une fois arrivée au guichet des vols intérieurs, personne ne parlant anglais, je me suis improvisée championne de la langue des signes. Après quatre heures d'attente assise sur une chaise que l'on m'avait mise à disposition dans une salle d'attente vide, je suis montée dans un avion encore plus petit que le précédent. Là je me suis rendu compte que ma planche faisant presque la taille de l'avion, elle ne pouvait pas y être placée. Ce que l'agent au sol avait essayé de m'expliquer était soudain devenu limpide ! N'ayant pas le choix, j'ai embarqué, en espérant que ma planche suivrait. L'histoire s'est bien terminée, puisque mon matériel est arrivé le lendemain, par le vol de Copenhague, à bord d'un avion de taille plus adéquate. Voilà une anecdote classique dans la carrière d'une funboardeuse professionnelle. Savoir s'adapter et être proactive sont les clés pour s'en sortir dans cette discipline non olympique.

Le bac en poche, j'ai décidé de quitter mon île en 2002 à dix-huit ans pour être au contact des meilleurs en Europe et suivre des études universitaires en STAPS (Sciences et Techniques des Activités Physique et Sportives). Ma grand-mère m'a hébergée chez elle, près de Poitiers. Le choc climatique et culturel s'est avéré important, mais, mue par ma passion, je n'ai pas considéré mes choix comme des sacrifices. Après des débuts difficiles à Poitiers, d'où je faisais des aller-retour chaque semaine jusqu'à La Rochelle, j'ai débarqué en terre bretonne, où j'évoluais entre la rade de Brest et le spot du Dossen, dans le Finistère Nord.

La passion et les sensations...

À l'instar de certains sports de glisse, le windsurf est très particulier. D'une part, c'est un sport très ingrat pour un débutant lambda (je ne parle pas de Sarah...) ; d'autre part, on ne peut le pratiquer partout, car il faut de l'eau et du vent (beaucoup parfois).

Dans un premier temps, il faut s'acclimater aux éléments, notamment la température de l'eau — tout le monde n'habite pas en Nouvelle-Calédonie... On boit beaucoup la tasse lors des premières sessions. De plus, même si ce sport fait appel à l'instinct, la →

compréhension de l'orientation du vent et de quelques éléments météorologiques donne quelques clés pour se situer dans l'espace. Le windsurf est un sport en trois dimensions qui nécessite la maîtrise non seulement de son corps, mais aussi d'un environnement toujours mouvant et parfois peu prévisible.

Après avoir bien pris l'eau, quelques sensations de glisse commencent à motiver... Puis vient le Graal, « le planning ». On est de plus en plus sûr de soi et le flotteur prend de la vitesse d'un seul coup. Il décolle de l'eau, seuls les derniers centimètres touchent l'eau, la vitesse double en quelques mètres : on « glisse ». Ceux qui ont connu cette sensation n'ont qu'une seule motivation : la reproduire. Ils sont capables de laisser en plan leurs proches et de faire des centaines de kilomètres pour rejoindre un spot venté qui leur donnera leur dose de « planning » Après cette étape cruciale qui vous rend totalement « dépendant », le chemin est très long pour atteindre un niveau élevé.

Le windsurf est hautement technique, car il associe la performance du sportif aux réglages de la machine (flotteur, aileron, voile, *wishbone*, mât, etc.), l'ensemble étant en permanence en mouvement dans les trois dimensions et le corps servant de liaison entre le matériel et la force du vent. La Bretagne est propice aux « voileux ». Cet assemblage de lieux magiques et très différents qui rassemble les plus grands marins du monde est un bout de terre parfois extrême, plongé dans la Manche et l'océan Atlantique, appelant sans cesse les marins de toute nature vers le large. Sarah a pu y retrouver une partie de ses racines et de son équilibre.

« *Mens sana in corpore sano* », un esprit sain dans un corps sain, devrait être la recette de la vie de chacun. Votre équilibre mental agit sur votre corps qui devient le « tableau de bord » de votre bien-être ou de votre souffrance. Les sportifs associent depuis longtemps la préparation mentale à la préparation physique. Écoutez leurs interviews : neuf fois sur dix, ils parlent de « se faire plaisir ».

→

Même si vous ne cherchez pas à défier l'Atlantique, dans vos « traversées » quotidiennes, votre corps vous informe de l'équilibre de votre esprit. Chacun des symptômes que vous ressentez est un indicateur de votre esprit. Écoutez votre corps : il vous parle sans interruption. Un mal de dos, un mal de tête, une douleur récurrente doivent vous faire vous interroger sur vos activités, la manière dont vous vivez, votre environnement, vos projets. Il faut ensuite se donner les moyens de réfléchir à des pistes d'amélioration. Sans « psychoter » en permanence, faites le lien entre votre corps et votre esprit pour trouver de nouvelles voies, de nouveaux fonctionnements.

Quelques conseils

- Placez-vous dans une logique d'anticipation, soyez à l'écoute de vous-même.
- Entretenez votre corps aussi bien que votre voiture : faites des révisions avant de tomber en panne.
- Faites vous aider par des praticiens qui pratiquent l'approche globale[1] (ostéopathe, acupuncteur, homéopathe, etc.).
- Dans le cadre d'un projet, soyez vigilant sur les signes (par exemple un état de fatigue récurrent, de la mauvaise humeur, des oublis récurrents) ou les pathologies de vos équipiers.
- Parlez ou faites parler : la parole est salvatrice, elle expurge le corps.

1. Avoir une approche systémique permet de considérer que ce que l'on analyse est toujours intégré dans un sur-système et d'analyser les impacts des liaisons entre les systèmes, par exemple le lien dans une pathologie entre le corps et l'esprit.

CHAPITRE 2

AVEC DU CŒUR, TOUT EST POSSIBLE

Forte de plusieurs titres de championne de France et de belles places à l'international, j'étais au top de ma forme quand j'ai appris à la veille du championnat du monde 2005 de Formula Windsurfing, qui devait se tenir à Melbourne, qu'on allait devoir m'implanter un défibrillateur cardiaque. J'avais vingt-deux ans et le ciel venait de s'effondrer sur ma tête.

DEUX GRANDS TRAUMATISMES

Comment accepter d'être malade lorsqu'on se sent en pleine forme et que l'on se prépare à vivre un championnat du monde dans les prochains jours ? Nous étions en décembre 2005. Mon cardiologue, qui venait d'arrêter le tapis roulant, me faisait face. Le teint blafard, ma mère se tenait à ses côtés. Je sentais à leur tête que quelque chose ne tournait pas rond.

J'étais arrivée quelques instants plus tôt à la clinique de la Baie des Citrons, à Nouméa, pour réaliser un test de routine pour la Fédération française de voile. Tous les sportifs de haut niveau doivent passer une batterie de tests médicaux, c'est le fameux « suivi longitudinal des sportifs sur liste ministérielle »[1]. Ce jour-là,

1. Il s'agit d'une série d'examens médicaux obligatoires pour l'inscription sur les listes ministérielles de sportifs de haut niveau (espoirs, jeunes, seniors et élite) ou pour l'intégration d'une filière d'accès au haut niveau. Tous les sportifs en pôle sont concernés. Ce suivi médical est régi par les articles L. 3621-2 et R. 3621-3 du Code de la santé publique et vise à assurer au mieux la préservation de la santé des sportifs au regard de leur pratique intensive.

j'étais venue pour faire un test d'effort. Cela faisait vingt minutes que je courais, le torse recouvert d'électrodes, quand au dernier stade, alors que le cardiologue venait de me demander si tout allait bien, mon cœur s'est emballé. Il battait excessivement fort, de façon irrégulière, et j'avais envie de vomir. Presque instantanément, le médecin a arrêté la machine. La main sur la barre qui me faisait face, je respirais pour retrouver en quelques secondes un rythme plus convenable. Sur l'écran s'était tracée la plus belle courbe qu'aient jamais vu ces deux professionnels de santé. Cette courbe aurait pu remporter la compétition de la pulsation la plus élevée : je venais d'avoir une tachycardie ventriculaire à 280-300 pulsations par minute. Cela avait beau être joli sur l'écran, en réalité, c'était plutôt inquiétant. À cette fréquence et cette amplitude, mon cœur pouvait à tout moment passer en fibrillation. Un cœur qui fibrille se définit par des contractions rapides, désorganisées et inefficaces des ventricules cardiaques. Le sang n'exerce aucune pression, le corps n'est donc plus irrigué et la mort subite survient. Voilà pourquoi mon cardiologue et ma mère me regardaient bizarrement !

La sentence a été immédiate : je devais oublier les championnats du monde, arrêter toute activité physique, ne plus monter les escaliers, ni porter de cartons, ni danser, bref rien. En sortant de la clinique, j'ai réalisé que j'avais déjà fait une crise de ce genre un an auparavant, alors que je tentais de suivre un copain dans une côte très technique en VTT. Et pendant la semaine précédant mon test d'effort, j'avais aussi ressenti deux « épisodes » similaires. Il faut dire que je me trouvais dans un état de stress important. À la veille des championnats du monde, rien ne fonctionnait comme je le voulais. Mon matériel n'était pas au point et à chaque sortie, je m'énervais sur mes réglages. Mais le plus grave, c'était que mon père vivait ses dernières heures.

Depuis six mois, un cancer foudroyant terrassait mon père. J'avais pu rester à ses côtés pour sa radiothérapie quelques mois plus tôt, avant de rentrer à Brest où je poursuivais mes études. Au bout de quelques semaines, je n'ai pas pu résister au besoin de le retrouver. Ma place était auprès de lui. Avec du recul, je me demande parfois si les problèmes de matériel que je rencontrais alors n'étaient pas liés au fait que je n'avais pas envie de laisser mon père dix jours, le temps de la compétition. Finalement, l'interdiction temporaire de faire du sport m'arrangeait bien.

Le jour où mon cardiologue m'avait annoncé qu'on allait devoir m'implanter un défibrillateur, papa était là lui aussi. Mais assommé par les antidouleurs, il n'a pas vraiment réalisé, et c'était mieux comme ça. Après avoir compris ce qu'était un défibrillateur implantable, ma première réaction a été de demander au docteur si je pourrais avoir un enfant ! Réaction féminine toute naturelle, mais à vingt-deux ans, c'était tout de même curieux. Pendant ce rendez-vous, j'ai en outre appris que j'allais devoir partir rapidement pour Paris afin d'y passer une batterie d'examens à l'hôpital de la Pitié-Salpêtrière. J'ai repoussé au maximum cette échéance, car je ne voulais pas quitter mon père. J'avais survécu jusque-là, donc mon cœur pouvait bien attendre quelques semaines de plus !

Papa a fini par lâcher prise le jour de Noël. Il avait dû comprendre qu'il ne gagnerait pas cette bataille. Le soleil couchant réchauffait cette triste chambre de la clinique de la Baie des Citrons, avec ses couleurs ocre et rouille. Sa main dans la mienne, ma poitrine collée contre son torse, mon père m'a fait dans une dernière expiration le plus dur et le plus beau des cadeaux. Il m'a donné son dernier souffle, désormais dans mon corps. Il m'a transmis son énergie vitale. Plus de souffrance, fini les douleurs, papa était parti en paix. Les yeux noyés de chagrin, j'ai mis une longue heure à lâcher sa main, jusqu'à ce qu'on l'emmène en brancard et qu'il disparaisse dans ce triste ascenseur, affichant sa flèche vers le bas.

Je dis souvent « main lâchée, cœur brisé ». Mon père m'avait quittée pour d'autres horizons. J'avais eu avec cet homme une relation fusionnelle, une expérience que je souhaite à toutes les filles et les pères du monde. Quelque chose d'unique qui vous remplit d'amour jusqu'à la fin de vos jours. Papa m'avait donné avec ma mère, et en nous faisant vivre cette aventure marine hors du commun, tout l'amour dont un enfant a besoin pour être heureux. Et même s'il n'est plus là aujourd'hui, j'avance toujours grâce à cela.

UN BOÎTIER DANS LA POITRINE

Une fois mon père près des anges, j'ai pu embrasser de toutes mes forces mon frère et ma mère et prendre l'avion pour un retour urgent en métropole. L'énergie que m'avait transmise mon père allait m'être utile pour surmonter tout ce qui m'attendait.

Les festivités ont démarré avec une angio-coronarographie, une opération de deux heures sous anesthésie locale au bloc où le thermomètre affichait quatorze petits degrés, avec pour seul costume un drap chirurgical, et en prime tous les internes derrière la vitre, car j'étais un cas à part. Ah ! J'oubliais : on m'avait enfoncé dans le torse des câbles remontant jusqu'au cœur et injecté un liquide qui me donnait envie de vomir. À chaque centimètre supplémentaire d'enfoncement des tubes dans mes veines, je ressentais une forte douleur. Entourée de nombreux appareils aux lumières inquiétantes, j'ai senti la sonde atteindre mon cœur. Celui-ci a réagi violemment et tenté de l'expulser par des contractions répétées. J'ai été obligée de tousser pour contrer cet effet. J'imagine qu'il y a pire comme supplice, mais c'est loin d'être un bon souvenir.

J'ai enchaîné avec un test d'effort au bloc. J'étais affublée des mêmes câbles, mais cette fois plus rigides, puisque bourrés d'électronique. À chaque centimètre de câble enfoncé, une violente douleur me perçait les vertèbres. Une fois le cœur atteint, le chirurgien a pu commencer le travail : le doigt sur une commande, il appuyait de plus en plus vite sur le bouton pour augmenter électriquement les battements de mon muscle cardiaque jusqu'à son maximum. Le mien semblait avoir un plafond excessivement élevé. Et pour être sûr qu'il fonctionne bien, on m'a injecté de l'adrénaline pure dans le sang. À ce stade, c'était vraiment de la torture. Heureusement que j'avais appris à faire de la visualisation, cela m'a aidée à tenir. Les yeux fermés, j'imaginais que je courais le sprint de ma vie. Le festival s'est terminé par une IRM — claustrophobes, s'abstenir. Sacrément secouée par ce traitement de choc, de retour dans ma chambre, j'ai fait un sérieux malaise vagal sous la douche. Il m'a fallu quelques milligrammes de médicament pour reprendre mes esprits. Perdue dans mon inconscient, j'étais dans une épaisse brume blanche.

À l'issue de cette batterie d'examens, le professeur a conclu que j'avais le cœur d'une sportive et qu'il n'y avait rien d'anormal dans les résultats des tests. Cependant, le risque restant une réalité, il a voulu me faire ressortir du centre hospitalier avec un défibrillateur portable, au cas où…

De retour à Brest, j'ai obtenu très rapidement un rendez-vous à l'hôpital de la Cavale Blanche. Le professeur qui m'y a accueillie m'a expliqué qu'il allait falloir choisir entre une vie sans défibrillateur ou avec.

Ma mère étant loin, à Nouméa, et n'étant pas médecin, je ne savais absolument pas me décider. J'ai demandé donc de l'aide à la seule personne de mon entourage qui me semblait qualifiée pour m'aider à prendre cette décision : mon maître de conférence à la faculté, professeur en physiologie. Il a accepté de m'accompagner au rendez-vous suivant. Après l'examen, il m'a expliqué que si j'étais sa fille, il me demanderait d'accepter la pose d'un défibrillateur pour ma sécurité. J'avais de mon côté expliqué au médecin que je comptais continuer la compétition et que l'océan resterait mon terrain de jeu. Dans ces conditions, il m'a aussi conseillé le port du défibrillateur pour que je puisse naviguer tranquillement sans me poser de questions. J'allais donc continuer ma vie avec un petit boîtier dans la poitrine. Ce corps étranger allait devenir mon ange gardien, mais cela n'avait rien de simple au départ. Il m'a fallu une sacrée dose de courage et de force mentale pour affronter une telle épreuve.

D'abord, la découverte de l'appareil : un boîtier gros comme un téléphone portable, mais pesant un peu plus lourd. J'ai été surprise quand le rythmologue m'a mis l'objet dans la main. Pendant la période précédant l'intervention, le doute planait, car on ne sait jamais comment sera l'après. L'opération en elle-même a été plutôt simple et rapide, à peine une heure et demie. Au réveil, j'ai subi un petit choc. D'abord, j'étais à côté d'un homme ligoté à son brancard qui gémissait. Un autre patient est entré dans la pièce la tête toute bandée et pleine de sang. Pas de quoi rassurer un patient qui sort d'opération ! Puis j'ai senti pour la première fois le poids du défibrillateur. Aucun doute, il était bien là. J'avais l'impression qu'on avait posé une enclume sur ma poitrine. À chaque respiration, je sentais une douleur. La prise de conscience a été totale quand plus tard j'ai ouvert l'enveloppe que le radiologue venait de me donner au sous-sol du centre hospitalier. Sur un cliché, j'ai découvert ce qui était logé sous ma peau. Là, en plein milieu de ma poitrine gauche, un boîtier immense par rapport à la taille de mes poumons avait élu domicile sur ma troisième côte, attaché par une longue sonde s'ancrant dans mon ventricule. Assise dans mon fauteuil roulant, je me suis enfoncée encore davantage dans mon siège. Cette fois, c'était bien la réalité, même si cela avait des allures de science-fiction.

Est ensuite venu le temps des soins intensifs cardiologiques, avec ses attractions toutes aussi agréables. Alarmes d'arrêt cardiaque en pleine nuit, infirmières nullissimes qui ont manqué de provoquer l'évanouissement de mon docteur à la vue du « geyser » qu'elles avaient créé sur mon bras… J'en passe et des meilleures. Face au nombre croissant de patients, l'équipe médicale m'a fait rapidement quitter les soins intensifs pour rejoindre le service des consultations en cardiologie. Fini la morphine, désormais il n'y aurait plus que le paracétamol pour me soulager. Autant dire que cela ne servait à rien. Une nuit, alors que j'étais endormie, j'ai senti une présence à côté de moi. Il me semblait que la lumière de ma chambre était allumée. J'ai ouvert les yeux, et là, juste au-dessus de moi, j'ai vu un vieux monsieur presque nu qui me regardait, les yeux écarquillés. Son slip kangourou blanc remonté au-dessus des hanches lui allait à ravir ! Pour quelqu'un de cardiaque, il y a mieux comme réveil… Finalement, l'homme a pris peur et repris ses déambulations dans les couloirs. Moi, j'ai mis un quart d'heure à trouver les infirmières qui étaient en pause. Apparemment, cet incident n'avait rien d'anormal, ce monsieur aimait se balader la nuit…

Voilà, c'est ça, l'hôpital. Beaucoup de rebondissements, des rencontres qui marquent, comme celle de ce bébé qui partageait ma chambre à la Pitié-Salpêtrière et venait de subir une implantation cardiaque, où encore cette petite fille qui, tremblante de peur, pleurait à chaudes larmes avant son intervention. Après avoir vu cela, on apprend à savourer l'instant présent. Donc même si la douleur se renforçait jour après jour, je patientais et me raccrochais à mes souvenirs de glisse. Et pour être tout à fait sincère, cinq jours après mon implantation, je me demandais vraiment comment j'allais pouvoir tirer de nouveau sur mon *wishbone* un jour. Pour pouvoir insérer le boîtier, le chirurgien avait dû ouvrir tout le muscle pectoral, entraînant une énorme déchirure musculaire. En outre, la cavité devait s'habituer au défibrillateur, qui, pour se faire une place, poussait tous les organes autour. Ma trachée était compressée, je peinais fortement pour parler. Finalement, peut-être aurais-je dû accepter l'aide de ma mère (à qui j'avais conseillé de rester auprès de mon frère après le décès de mon père) ! Malgré tout, j'ai très vite oublié ce passage douloureux de mon existence.

Les chocs et les ruptures...

Devoir subir à la fois la séparation définitive d'un parent et le dysfonctionnement d'une partie du corps aurait pu générer chez Sarah de longues années de détresse. Au contraire, ces événements l'ont forgée et construite. Il est difficile de les commenter sans faire de la psychologie de bas étage, bien éloignée de la complexité de l'événement. Mon père nous a quittés beaucoup trop tôt, à une période de ma vie où j'avais certainement le plus besoin de lui. J'avais fait un *burn-out* en 2000 en Afrique chez un client, me retrouvant à l'hôpital en quelques minutes, sous perfusion à haute dose d'anxiolytiques. J'ai mis trois ans à m'en remettre complètement et je ne sais pas si je surmontrai vraiment un jour le départ prématuré de mon père... Naturellement, aucune analogie, aucune comparaison n'est possible. Les histoires des uns et des autres sont tellement personnelles. Mais je sais qu'elles nous permettent d'avancer. L'humain est ainsi fait qu'il progresse souvent dans la douleur. Le cœur a cette double symbolique de l'amour et du moteur du corps. Oui, « avec du cœur, tout est possible », qu'il s'agisse des exploits sportifs de Sarah ou du simple quotidien de chacun d'entre nous. Combien d'entre vous réalisent dans l'ombre des exploits personnels ? Du bénévole dans une association à celui qui accompagne un proche en fin de vie, en passant par celui qui donne tout pour mener à bien un projet dans une entreprise qui n'est pourtant pas la sienne.

Quelques conseils

On ne franchit jamais ces étapes complètement seul. Le hasard des rencontres, le coach, l'ami, le conjoint, le thérapeute sont des appuis indispensables pour franchir les étapes.

Appuyez-vous sur un professionnel extérieur à votre environnement, cela épargnera votre entourage direct (vos parents et amis, ou votre manager et vos collaborateurs) et vous permettra d'aller plus vite tout en bénéficiant d'un paratonnerre et d'un exutoire...

UNE INTERDICTION INJUSTE

Un mois après mon opération, j'ai été autorisée à reprendre le sport. Je me suis exécutée sans me poser de questions. Aujourd'hui, je me rends compte à quel point j'étais passionnée, car les douleurs étaient toujours là, tout comme l'appréhension. Je me suis remise à l'eau avec mon groupe d'entraînement à l'École Nationale de Voile à Saint-Pierre-Quiberon, dans le Morbihan. Un printemps pluvieux débutait en Bretagne et le vent soufflait fort. Cela a été une véritable renaissance. Je me souviens de tout, ce moment reste gravé dans mon cœur. La lumière grise et le froid d'un hiver qui s'attarde, les vagues qui explosent contre la jetée et mon entraîneur, Stéphane Krause, qui m'attendait à l'entrée de la baie dans son semi-rigide[1]. Équipée de mon matériel de tempête, je suis entrée dans l'eau non sans émotion. Antoine, Tom, Aurélien et Johann, mes collègues d'entraînement, me regardaient sans trop prêter d'attention à ce moment qui était pour moi crucial. Grâce à leur indifférence, j'ai presque oublié ce qui venait de m'arriver. Au bout de quelques pas, l'eau glacée a envahi ma combinaison. Après des semaines enfermée dans les centres hospitaliers, j'étais de nouveau dans mon élément, cinq mois après mon test d'effort en Nouvelle-Calédonie. Que c'était bon d'être de nouveau dans l'eau ! Ma poitrine subissait un pincement à chaque mouvement, mais qu'importe, j'étais sur l'eau, sur ma planche, bien vivante. Je vivais chaque mouvement comme si le temps avait pris une autre dimension. L'eau m'éclaboussait le visage, mes cheveux me fouettaient les joues avec la vitesse, le froid refroidissait mes oreilles et le bout de mes doigts, chaque cellule de mon corps vibrait au fil de ces retrouvailles.

Un mois plus tard, Stéphane m'a inscrite aux championnats d'Europe. Je restais cependant perplexe quant à mes chances de

1. Bateau à coque rigide et boudin gonflable, couramment utilisé par les encadrants en voile.

faire une bonne performance à cette épreuve qui arrivait très tôt après mon opération. Les entraînements se sont enchaîné dans la baie de Quiberon jusqu'à l'échéance. Bien souvent, je pensais à mon boîtier, craignant un choc électrique, mais jamais mon entraîneur ne m'a laissée m'attarder sur ces questions. Poussée par mes partenaires d'entraînement, j'avais presque retrouvé mon niveau d'avant l'intervention. Et puis à Portimão, au Portugal, sous un radieux soleil d'été, le plus beau de mes résultats sportif est tombé. Sous les yeux remplis d'émotion de mon entraîneur, je suis devenue championne d'Europe de Formula Windsurfing. Ce jour-là, j'ai compris qu'« avec du cœur, tout est possible », et j'en ai fait ma devise.

Bien sûr, je manquais encore de force et quand je pompais[1], la douleur était présente. Mais j'étais si heureuse d'être de nouveau en compétition avec mes adversaires que je me sentais portée par une force indestructible. Celle de l'amour, de la passion. Cela peut paraître un peu naïf, mais c'est vrai. Quand on est entièrement voué à ce que l'on fait, qu'on s'exécute avec application comme si rien d'autre n'avait d'importance, quand seul l'amour motive nos actions, la victoire est au bout du chemin. Et quel chemin ! Si la vie n'est pas un long fleuve tranquille, la mienne ressemble à l'odyssée d'un flocon jeté à la mer. Après m'être battue pour retrouver mon plus haut niveau, j'allais en effet devoir affronter une nouvelle épreuve.

Cinq mois après mon implantation, la Fédération française de voile, à qui j'avais pourtant envoyé les résultats de mes examens, a découvert que je portais un défibrillateur. J'étais en pleine coupe du monde sur les îles Canaries quand on m'a appelée pour me demander de ne plus participer à aucune épreuve sportive. J'ai été convoquée à Paris par une commission médicale, composée notamment d'un médecin du sport, d'un arbitre national et du président de la société de cardiologie. Curieusement, aucun d'entre eux n'avait mon dossier médical. Le seul document

1. Tirer sur le *wishbone* pour créer son propre vent à l'aide de la voile.

dont ils disposaient était le tracé du test d'effort que je venais de leur donner. Ils m'ont écoutée parler, puis je suis sortie en attendant qu'ils délibèrent. Le verdict est tombé : « *Vous êtes inapte à la pratique de la planche à voile à haut niveau.* » La pilule était dure à avaler ! Je trouvais cela complètement arbitraire et injuste. Mais avant d'être submergée par la colère, je leur ai demandé s'ils pouvaient me proposer un suivi médical adapté et une aide à la reconversion. Je n'ai jamais reçu cette main tendue qui m'aurait pourtant aidée. À l'époque, le ministère des Sports organisait des colloques pour évoquer le problème des suicides post-carrière des sportifs et de leurs difficultés à tourner la page et à s'insérer dans la vie active. Après ce que j'ai vécu, je ne suis pas étonnée que cela se produise.

Je comprends que la fédération n'ait pas voulu prendre le risque d'autoriser une athlète porteuse d'un tel appareil à continuer la pratique de haut niveau. C'est le fameux principe de précaution à la française, qui a ses avantages, mais aussi ses inconvénients. Ce que je regrette, c'est que mon dossier n'ait jamais été rouvert, en dépit de mes nombreuses demandes par courrier. En 2013, je n'ai toujours pas le droit de courir pour la France, ni, bien pire, de participer à une compétition organisée sur le « sol » français, même internationale.

Parfois, cela ne sert à rien de nager à contre-courant. Cet incident me l'a bien montré. Alors que je cherchais des solutions pour continuer à concourir, je me suis rapprochée des meilleurs spécialistes français pour recueillir leur avis sur mon désir de continuer la compétition. Je me méfie en effet de la passion qui peut parfois nous aveugler et faire prendre des risques démesurés. Mais ce n'était pas mon cas. Bien sûr, tout le monde ne partageait pas mon choix, mais personne n'y était formellement opposé.

Pendant cette croisade médicale, j'ai rencontré celui qui est aujourd'hui mon médecin, un homme de qualité, lui-même sportif de haut niveau en ski nautique. Il a compris tout de suite ce qui m'animait au plus profond de moi. En parallèle, j'ai trouvé aussi une nouvelle terre d'accueil, en Arménie, quand j'ai fait la connaissance du directeur technique national au salon nautique de Paris, en décembre 2006. Michel Zakarian, ex-compétiteur en Tornado[1] et planchiste émérite, m'avait invitée à faire partie de l'équipe arménienne pour l'aider durant quinze jours, pendant l'été 2008, à développer la planche à voile sur le lac d'altitude Sevan, où une quarantaine d'enfants s'entraînaient, grâce au président de la République d'Arménie (entre 1998 et 2008) Robert Kotcharian. J'ai rencontré ce dernier dans des circonstances un peu insolites. Les enfants m'avaient dit que si une voile rouge apparaissait à l'extrémité du lac, la visite du chef de l'État était imminente. Ce jour-là, le vent soufflait fort le long des collines quand j'ai deviné un point rouge. J'ai rejoint le repère à toute vitesse. Pas de doute, c'était bien lui, accompagné de son garde du corps armé à jet-ski. Robert Kotcharian m'a fait signe et s'est arrêté en posant sa voile sur la surface de l'eau. Je suis arrivée à vitesse lente à côté de sa planche et ai posé à mon tour mon gréement. Il m'a tendu la main, que j'ai saisie pour me rapprocher de lui. Genou contre genou, nous avons échangé quelques mots en anglais. J'étais donc en combinaison dans l'eau, assise sur ma planche, en train de parler à un chef d'État, qui retenait ma planche pour éviter que le courant nous éloigne ! Avant de nous séparer, je lui ai suggéré de relever son wishbone de vingt centimètres, histoire de se redresser. La vie et ses rencontres atypiques !

J'avais donc de nouveau une licence, un médecin de compétition et une patrie d'adoption ! Il ne me restait plus qu'à retrouver des sponsors, car suite à mon interdiction de naviguer en France, je n'étais plus suivie par les médias français ni mes partenaires nationaux. La loi des séries, paraît-il... Mais tout problème a sa solution, et j'ai fini par la trouver.

1. Catamaran anciennement support olympique en voile.

C'est toujours à cause de l'environnement et des autres...

Quelle chance Sarah a eu dans sa vie de faire de telles rencontres... Alors que tout s'opposait à ce qu'elle reprenne la compétition, un « coup de bol » monstrueux lui a permis de reprendre la course. « *Vous devez être le changement que vous voulez voir dans ce monde* », a dit Gandhi. Quitte à choquer, je crois de moins en moins à la chance. Ce que nous avons, ce que nous vivons, est le résultat de ce que nous faisons. Sarah est « actrice » de sa vie et chacun de ses pas la conduit à ses objectifs. On peut considérer l'environnement comme un obstacle infini, insurmontable, mais cela tue toute créativité, les chemins sont innombrables pour atteindre les objectifs.

En partant de ce principe, toutes les stratégies de contournement sont possibles. À la différence de Sarah, j'ai du mal à comprendre que l'on ait pu l'interdire de compétition en France. Le principe de précaution appliqué sans cesse et la judiciarisation conduisent à l'enlisement de notre société et de nos entreprises et finissent par tuer l'innovation sous prétexte qu'il ne faut prendre aucun risque. Nos sociétés modernes finissent par être décadentes et dépassées par des pays émergents bien plus créatifs.

Faut-il aller au bout du monde pour réaliser ses projets ? Peut-être pas ! Peut-être faut-il simplement lâcher prise et s'ouvrir à la vie. Au-delà de la « force » et de la « détermination », Sarah est ouverte aux opportunités, aux avis des autres, à l'environnement, ce qui élargit son champ des possibles. D'une manière générale, elle est « positive », ce qui favorise le contact avec les autres. Néanmoins, elle mélange cette ouverture avec un fort centrage sur elle-même et sur ses objectifs (c'est peut-être l'une des qualités des sportifs de haut niveau ?).

Croire que tout est possible et penser à soi et à ses propres objectifs n'est pas « politiquement correct ». Notre éducation judéo-chrétienne nous a appris à souffrir (en silence de préférence), à penser aux autres (à tendre l'autre joue...). Ce mode de fonctionnement génère de la souffrance intérieure.

Quelques conseils

- Fuyez les situations qui ne vous conviennent pas du tout.
- Dites NON quand ce n'est pas acceptable pour vous.
- Identifiez ce que vous ne pouvez pas contrôler et « laissez tomber ».
- Faites le deuil de certains combats.
- Sortez des codes qui vous sont imposés.

RENAISSANCE EN PLEINE MER

Épaulée par Jean-Luc Hamelin, le président de l'APODEC (Association des porteurs de défibrillateurs cardiaques en France), mes dossiers de sponsoring sous le coude, je suis partie pour Nice au Salon international de la cardiologie, Cardiostim. J'y ai rencontré les trois principaux constructeurs de défibrillateurs, qui se sont montré tous intéressés par mon histoire. J'ai signé avec la multinationale Boston Scientific, celle-là même qui a conçu l'appareil que je porte.

Alors que j'aurais dû vivre une année de transition calme, 2006 a été la plus sportive de ma jeune vie. Engagée dans une équipe de course au large basée à Lorient, j'ai embarqué sur un trimaran de soixante pieds pour mon premier convoyage. Arrivée à Lisbonne, j'ai rejoint l'équipe au port de Cascais et découvert pour la première fois l'importance de ce navire. Le skipper connaissait mon histoire et savait d'où je venais. Cela explique sûrement la confiance qu'il m'a accordée presque instantanément. Nous étions trois pour convoyer ce bateau jusqu'au port de Lorient, mais l'un d'entre nous étant informaticien, chargé de faire les polaires[1] de vitesse du bateau, j'ai partagé la barre avec

1. Vitesse atteinte par le bateau en fonction de son angle au vent.

le skipper. Pour une première, les conditions étaient musclées : quarante nœuds et de bons creux au passage du cap Finisterre, au large de l'Espagne. Fatigué, le capitaine est allé se coucher et je me suis retrouvée donc seule à la barre de ce géant des mers.

Emmitouflée dans ma veste de quart, un masque de ski sur les yeux, je tenais la barre en carbone qui reliait mon bras au gouvernail du bateau. J'avais beau être en moyenne à cinq mètres au-dessus de la mer, je recevais des trombes d'eau dans la figure, comme si Neptune s'en donnait à cœur joie, le seau à la main. À chaque « atterrissage », le bateau faisait un bruit énorme, le carbone grinçait, et c'était reparti pour un bond de plusieurs mètres. C'était vraiment impressionnant, ce ciel sombre et cette mer déchaînée. J'avais froid, j'étais trempée, impressionnée, la peur en moi était latente, mais comme je me sentais bien ! Cette fois, j'étais bien en vie. Quel contraste avec ces moments passés à l'hôpital, où mon corps n'était que le véhicule cassé de mon âme… Je me revois encore tel un légume, incapable de me lever pour aller aux toilettes, obligée de me soulager dans une cuvette, allongée sur mon lit… L'horreur ! Tout cela était bien terminé. L'adrénaline coulait dans mes veines et bon sang que cela faisait du bien !

Sans terre à l'horizon, je me sentais enfin chez moi. C'est à ce moment-là que j'ai réalisé que le large me manquait. Depuis des années, je faisais de la navigation côtière en planche à voile, alors qu'enfant, j'avais traversé les océans. C'était décidé, je devais retourner au large. Un jour, je traverserais l'Atlantique ! J'avais d'abord pensé à le faire en Classe Mini, un petit bateau à ma taille, qui me permettrait de rester proche de la surface de l'eau. Mais plus j'y pensais, plus je me disais, qu'après tout, ma passion étant la planche, j'allais traverser l'Atlantique en planche à voile de *funboard*[1].

1. Déclinaison de la planche à voile. Le matériel est conçu pour naviguer exclusivement « au planning » (pas de dérive et planche courte).

CHAPITRE 3

DU RÊVE À LA RÉALITÉ

D'abord il y a l'idée, la graine, mais si on ne la plante pas dans une terre fertile, elle n'a aucune chance de pousser. Il faut aussi penser à la « cultiver ». Un projet, c'est une graine qu'on a amenée jusqu'à maturation.

Pendant longtemps, j'ai gardé ce rêve un peu fou dans ma tête. J'avais peur d'être jugée, qu'on me prenne pour une illuminée, bref qu'on ne me prenne pas au sérieux. Et puis un jour, j'en ai parlé à mon patron de l'époque, Christian Dumard. Il m'avait engagée pour l'aider à créer une chaîne de télévision sur Internet 100 % glisse. C'est ainsi qu'est née Wapala.TV[1]. Un jour, entre deux montages, je lui ai parlé de ce projet, que je gardais dans un coin de ma tête. Il m'a répondu immédiatement : « *C'est super, Sarah ! Qu'est-ce que tu attends pour le faire ?* »

PREMIÈRES DIFFICULTÉS

Parfois, il suffit de peu de chose dans la vie. On ne se rend pas toujours compte à quel point une parole positive peut s'avérer un véritable déclencheur. Nourrie de l'expérience de Christian, qui, pendant de longues années, avait travaillé pour une équipe

1. Cette Web TV est 100 % glisse et sports extrêmes : surf, kitesurf, windsurf et kayak. On y retrouve au quotidien les actualités des circuits professionnels, des portraits, et surtout de l'action avec les plus belles vidéos de glisse du moment.

de course au large, j'ai commencé à coucher sur le papier mon rêve, ou plutôt mon projet, car à ce stade, cela devenait concret.

L'aventure a démarré par un dossier, un site internet, une plaquette, et des recherches. Il m'a fallu d'abord trouver le bateau qui me suivrait en journée, ce qui n'avait pas été simple, car le *funboard* est un engin véloce. Pour m'accompagner, il me fallait une embarcation rapide. Après plusieurs visites dans les grands salons de bateaux à moteur, j'ai vite compris que ce type de modèle serait exclu. En effet, ces navires motorisés ont beau aller vite, ils n'ont pas assez d'autonomie en carburant pour traverser l'Atlantique. Du côté des voiliers, les bateaux de course tel que celui sur lequel j'avais navigué en 2006 sont difficilement manœuvrables et nécessitent une équipe de professionnels. Du fait de leur légèreté et de leur prise au vent, ils dérapent facilement, ce qui complique toutes les manœuvres d'homme à la mer[1].

Ma recherche ne faisait donc que commencer. Puis est venu le temps des aller-retour à Paris pour trouver des sponsors, une période trop longue à mon goût. J'ai connu le premier coup dur de la préparation en septembre 2010. Le départ était prévu pour mars 2011, or je n'avais toujours pas trouvé la totalité de mon budget. Je continuais les démarchages téléphoniques et enchaînais les rendez-vous, mais les refus s'additionnaient. L'âme en peine, j'ai compris qu'il faudrait reporter la traversée d'un an. Pourtant, je n'avais pas économisé mon énergie, mais monter ce projet en un an était sans doute trop ambitieux. J'ai séché mes larmes : j'allais pouvoir mettre cette nouvelle année au service de mon entraînement, pour être encore plus au point. En décembre, je suis rentrée en Nouvelle-Calédonie comme chaque année. Ma mère, à qui j'avais mis du temps à annoncer le projet, avait l'air de se faire à l'idée que sa fille allait traverser l'Atlantique en planche à voile.

L'année 2011 a été l'année du changement pour mon projet. En avril, j'ai décidé, suite à une légère contre-performance l'année précédente en Coupe du monde, de mettre de côté les

1. Manœuvre qui consiste à récupérer une personne dans l'eau.

compétitions pour me concentrer sur l'entraînement et la préparation spécifique de la navigation au large. Plus tard, j'ai démissionné de Wapala.TV pour me donner toutes les chances de réussir mon projet. De toute manière, étant donné la dose de travail à fournir, il devenait difficilement possible de mener les deux de front. Et puis à vrai dire, je ne pensais plus qu'à ça ! Je « dormais Atlantique », je « mangeais Atlantique », je « naviguais Atlantique ». J'étais complètement obsédée par une seule idée, le large. Pourtant, mes amis commençaient à douter. Je voyais bien dans leurs yeux qu'ils me soutenaient, mais se demandaient sérieusement si je ne me dirigeais pas vers une impasse.

Avant l'été, j'ai continué ma série de rendez-vous. J'étais depuis plusieurs mois en contact avec STEF, une société de transport frigorifique, dont le directeur de la communication m'avait contactée en janvier. Mais voilà, étant donné la difficulté que nous avions à nous joindre, il devait être aussi occupé que moi, voire plus. Heureusement pour lui, je n'ai pas pour habitude d'abandonner !

Alors que je programmais un entraînement à Tahiti en juillet, le mois de juin a apporté une excellente nouvelle. Boston Scientific m'a confirmé sa participation financière à hauteur de la moitié du budget ! J'ai ressenti un immense soulagement et suis partie remontée à bloc pour mon entraînement estival.

De l'idée au projet...

C'est ce que Sarah appelle passer du « rêve à la réalité ». Après coup, il est simple de décortiquer son projet à l'aide d'une grille « méthodologique ». C'est ce que nous avons fait à deux lorsque nous nous sommes rencontrés et que nous avons dressé le bilan. Bien sûr, dans un premier temps, je ne l'ai pas importunée avec la méthodologie, mais je l'ai laissée « vider son sac » après m'être mis dans le bain de son projet, en relisant son histoire sur Internet, en regardant ses vidéos, en interrogeant certains de ses amis. J'avais au préalable suivi ses exploits au jour le jour lors de sa traversée. →

→

Un projet devrait comporter cinq phases : l'étude d'opportunité, l'étude de faisabilité, le cadrage, la réalisation du projet et le bilan.

L'étude d'opportunité désigne la vérification de la cohérence entre l'idée et la stratégie globale. Dans une entreprise, il s'agit de la cohérence avec la stratégie générale. À titre personnel, il s'agit de la cohérence entre l'idée et le projet de vie. Évidemment, cette étude nécessite que l'on ait une stratégie. Pour une entreprise sans stratégie ou une personne sans projet de vie, se lancer dans un projet est très risqué, car cela laisserait supposer que l'on va dépenser les ressources (énergie, temps, argent) et se rendre compte au cours ou en fin de projet qu'il est en décalage avec l'environnement, c'est-à-dire les objectifs généraux que l'on souhaite atteindre dans son projet de vie.

L'étude de faisabilité désigne l'adéquation entre le résultat attendu, le temps que l'on se donne pour réaliser le projet, et les moyens que l'on est prêt à y investir. Souvent, l'étude de faisabilité est incomplète, ou réalisée sur un ou deux des trois paramètres (résultat attendu, temps, budget) clés d'un projet. Par exemple, j'ai mis les moyens (l'argent), mais le délai est trop court pour réaliser les objectifs. La faisabilité, c'est le juste équilibre entre les risques qu'il faut prendre pour que le projet se réalise et l'analyse des paramètres pour ne pas se lancer dans un projet qui va échouer. C'est l'énergie d'y croire et la lucidité de mettre en place les conditions de réussite, c'est le feu et l'eau, c'est le bon dosage qui fera du projet une belle aventure.

Le cadrage, lui, désigne l'organisation du projet au sens strict du terme, l'affinage du cahier des charges (quelles performances je veux atteindre ?), la construction du planning détaillé (qui fait quoi et à quel moment ?), la finalisation du budget (quelles ressources matérielles et humaines et quel coût cela engendre-t-il ?). Le cadrage, c'est aussi la constitution de l'équipe au sens du « *team building* ». Comment les acteurs nécessaires à la réalisation du projet vont-ils s'assembler tant sur le plan des compétences que sur le plan comportemental ?

→

Quant à la réalisation du projet, c'est la mise en œuvre des moyens en fonction du planning tout en mesurant les résultats obtenus. C'est aussi la comparaison de ce que l'on a prévu avec ce que l'on réalise vraiment et la mise en place de réajustements (temps, budget, résultats attendus). Cette étape est directement dépendante des étapes amont (à 90 %).

Enfin, le bilan est la phase la plus négligée des projets. C'est le moment de se « séparer » du projet, de l'équipe, et de capitaliser sur l'expérience vécue. C'est une étape extrêmement importante, car elle fournit le « carburant » pour les projets à venir... Presque personne ne fait de bilan... Sarah, elle, a dressé le bilan de son projet. C'est aujourd'hui l'une des clés de la poursuite de ses aventures, mais nous en reparlerons plus tard.

Au moment où Sarah a obtenu le financement par Boston Scientific de la moitié de son projet, elle se trouvait en fait à mi-chemin de son étude de faisabilité.

L'étude d'opportunité, elle, s'est traduite de deux façons : non seulement parce que Sarah a réalisé qu'elle pouvait mettre en adéquation une passion (le windsurf) avec des objectifs généraux personnels (se retrouver en pleine mer), mais aussi grâce à une rencontre qui l'a libérée de se derniers doutes.

Concernant l'étude de faisabilité, deux éléments semblent s'éclaircir : l'horizon temporel pour réaliser la traversée, ainsi que l'horizon financier pour avoir les moyens de son ambition. Quant aux résultats attendus, je ne suis pas sûr qu'ils étaient si clairs que cela dans sa tête à ce stade. Était-ce « réaliser un exploit sportif » ? Si oui, lequel ? Était-ce « se retrouver seule au milieu de l'Atlantique » ? Si oui, pourquoi ? Était-ce « mobiliser des partenaires autour d'une aventure médiatisée » ? Si oui, était-ce le bon support et les partenaires suivraient-ils ?

N'oublions pas que ce livre a été réalisé après le projet et qu'il est donc le fruit d'une analyse *a posteriori*. Il aurait été intéressant que

→

Sarah tienne un carnet de bord du projet dès qu'elle en a eu l'idée... Elle dispose uniquement de quelques notes prises pendant la traversée, donc pendant la phase de réalisation. Il aurait été intéressant que dès le départ, elle crée un dossier retraçant la traçabilité du projet, des objectifs, des évolutions du projet, des observations faites, etc. C'est ce que l'on fait (ou ce que l'on devrait faire...) en entreprise afin de préparer le bilan et de réutiliser certains composants du projet dans d'autres projets similaires et augmenter ainsi la performance à travers la capitalisation. Nul doute que Sarah saura lors de ses prochains projets assurer une traçabilité plus forte !

Quelques conseils

- Ne passez jamais de l'idée à la réalisation du projet, car vous diminuez vos chances de réussite de 90 %.
- Vérifiez que le projet s'insère bien dans son environnement stratégique (projet de vie, projet stratégique).
- Étudiez la faisabilité sur les trois paramètres clés : résultats attendus, planning, budget.
- Acceptez les risques, mais identifiez-les en les listant de manière macroéconomique dès l'étude de faisabilité.
- Décidez de faire ou ne pas faire, mais ne laissez pas traîner une idée pendant des mois. Elle risque sinon de vous polluer, d'engendrer des frustrations, de réduire votre écoute et vous faire passer à côté d'autres opportunités.

UN AVANT-GOÛT DE L'AVENTURE

À Tahiti, j'ai abordé enfin ce qui m'intéressait le plus : je me suis appliquée à régler mon matériel et ai découvert les points d'usure de ma planche et de mon corps. Là-bas, j'ai fait la connaissance du clan Boosie, qui est devenu comme une seconde famille. Je n'oublierai jamais ce que Beb, Moeata et Alex ont fait pour moi. Grâce à une incroyable solidarité, l'expédition visant à roder mon projet s'est mise en place. Beb Boosie, le plus aventurier des windsurfers locaux, a accepté mon invitation et m'a accompagnée lors de ma première traversée en planche. Le parcours a débuté au Motu Martin, sur l'île de Tahiti, et s'est arrêté à Raiatea, une des îles Sous-le-Vent. Il a fallu un mois pour monter ce projet. Grâce au championnat de Polynésie à Raiatea, qui m'a permis de connaître notre point d'arrivée, nous en savions plus sur la houle qui cassait au large de l'île. Ce qui nous attendait serait peut-être plus dur que ce que j'allais affronter sur l'Atlantique… L'archipel polynésien est composé de plusieurs îles dont le relief sous-marin est tout aussi accidenté que celui qui émerge à la surface. Passant dans des récifs tantôt coralliens ou volcaniques, les courants qui se faufilent à travers ces îles varient en intensité et en direction, ce qui explique sûrement la qualité des vagues qui réjouissent les surfeurs du monde entier.

Après une quinzaine de jours d'entraînement idyllique à Raiatea, retour à Papeete, chef-lieu de la Polynésie française, pour organiser notre grand départ. Beb Boosie étant champion de windsurf de Polynésie, cela a été la seule épreuve où j'ai invité quelqu'un à partager l'aventure du large. Il n'était pas facile d'organiser une logistique à deux coureurs. Mais Beb est un professionnel, sérieux, et passionné des longues distances. C'est donc avec plaisir que j'ai décidé de prendre le large avec lui. Il n'était pas non plus évident de choisir la bonne plage météo ni de trouver le soutien technique nécessaire. Finalement, deux « poti marara », petite embarcation polynésienne servant à pratiquer la pêche côtière, et un gros bateau de pêche ont constitué notre équipe logistique. Enfin, pour bien choisir le jour du départ, une visite dans les locaux de Météo France s'imposait. Finalement, le départ a été fixé au dimanche 1er août !

La nuit précédente a été agitée. J'avais du mal à dormir profondément. Beaucoup de questions se bousculaient dans mon esprit. Serais-je à la hauteur ? Comment mon corps allait-il réagir face à un tel effort physique ? Finalement, mes paupières se sont refermées. J'étais convaincue que la journée qui m'attendait serait éprouvante et que la barrière des six heures de navigation quotidienne serait fatidique.

Révélation en pleine mer

Dès 5 heures du matin à la marina d'Arue, mon équipe était là. Raitu le chauffeur du poti marara qui allait suivre était déjà prêt. Il avait pris soin de bien ficeler mon matériel calé sur le flanc gauche de son petit bateau de pêche. Après une prière émouvante au son de la voix de la mère de Beb sous la végétation tropicale de l'île, nous nous sommes élancés vers l'inconnu sous les encouragements de toute la famille tahitienne, venue en nombre encourager ces drôles de marins !

Beb et moi avions choisi des planches et des voiles adaptées à un vent soufflant à une intensité allant de moyen à soutenu. Alors que le vent avait du mal à atteindre le bord, la donne a brutalement changé alors que nous nous éloignions du Motu Martin ! Le vent s'est renforcé et la mer est devenue très mauvaise. Les 4,8 mètres de houle annoncés étaient bien là…

Les deux heures suivantes allaient être extrêmement éprouvantes, les plus dures de toute la traversée. Alors que nous déboulions à plus de trente nœuds dans une houle très formée et rapprochée, j'avais l'impression d'être sur un terrain de motocross. Le gros souci, c'est que ce plan d'eau chaotique m'empêchait d'abattre[1] convenablement. De son côté, Beb n'avait pas l'air beaucoup plus à l'aise. Moorea ne grossissait pas, alors qu'à terre, on avait l'impression d'être juste à côté.

Ressentant les doutes de mon équipe à bord des bateaux suiveurs, j'ai décidé d'abattre un bon coup, car l'horloge tournait. Mon GPS annoncera par la suite des pointes à trente-quatre nœuds. C'était sûrement à ce moment-là ! Accrochée à mon *wishbone*, les bouts[2] complètement relâchés, j'avais l'impression d'être une grenouille qui essaye d'imiter les poissons volants. Pas évident…

Ultra concentrée, l'adrénaline plein le cœur, ma folle échappée allait s'arrêter brutalement, lorsque le dos d'une vague plus grosse que les autres m'a fait partir en avant. Mon épaule est sortie de son logement… pour y revenir. Ouf ! Il fallait que je trouve une autre solution, sinon j'allais me tuer ! J'ai appelé Raitu à la VHF et décidé de changer de planche. Mais la procédure choisie pour effectuer ce changement n'était pas la meilleure ! En moins de deux minutes, je me suis retrouvée dans une drôle de posture, en train de nager en plein océan vers mes planches qui dérivaient, tandis que ma voile, restée au vent, était en train de couler ! Heureusement, grâce au pilote et à mon ami Alex, windsurfer et caddy de luxe, la situation est vite rentrée dans l'ordre. La prochaine fois, on changera de technique !

Juchée à présent sur une plus petite planche, moins stable mais plus confortable pour abattre, je devais rattraper Beb, que je n'arrivais même plus à voir. Pied arrière posé dans le *footstrap* opposé, j'abattais à fond. Tant pis pour la vitesse ! Mon point d'arrivée étant plein vent arrière, je devais absolument gagner du terrain. Finalement, j'ai retrouvé Beb un peu plus loin. Le bateau-ambulance a croisé notre route. La houle s'allongeait et je commençais à trouver mes marques. Cette fois, nous irions jusqu'au bout.

1. Faire tourner l'avant de la planche pour l'éloigner de la direction du vent.
2. Le bout du harnais permet de s'accrocher à la voile.

Mon équipe avait le sourire, leurs encouragements me remplissaient d'énergie. J'arrivais désormais à parler tranquillement avec Raitu à la VHF. Alors qu'au début de cette aventure, je m'étais demandé pourquoi je voulais traverser l'Atlantique — « tu es folle », avais-je même pensé —, cela ne faisait plus aucun doute, je savais pourquoi.

La longue houle étendait son voile à perte de vue. Enfin plus aucune terre en vue ! J'étais seule avec les poissons volants qui me narguaient avec leurs longues envolées, et les oiseaux qui venaient jouer avec les courants d'air créés par les vagues. J'en avais même oublié Raitu, qui traçait une route plus droite.

Juste pour le plaisir

Mon corps ne me faisait pas souffrir, j'étais heureuse d'être là sur ma planche, au milieu de nulle part. Voilà pourquoi je voulais partir, quitter Dakar pour rejoindre le bout du monde ! Depuis le temps que j'attendais cette rencontre !

Je naviguais depuis un certain temps déjà et les feuilles et les noix de coco qui commençaient à apparaître à la surface de l'eau trahissaient la présente d'une île proche. J'ai appelé Raitu à la VHF pour lui demander à quelle distance je me situais par rapport aux îles de Raiatea et de Huahiné. J'étais à quarante nautiques de Huahiné. Cela faisait six heures que je naviguais. Une pause s'imposait. Assise sur ma planche, j'ai décroché de mon dos le sac à eau, pour récupérer le sachet que j'avais préparé la veille. Il était rempli de fruits secs et de cake. C'était mon premier déjeuner sur ma planche. Si tout se passait bien, j'en connaîtrais environ vingt-cinq sur l'Atlantique.

Je maîtrisais l'équilibre jusqu'à ce qu'une vague déferlante me fasse tomber de ma planche. Heureusement, j'avais eu le réflexe de tendre mon bras hors de l'eau, sauvant ainsi mes denrées ! Au bout de cinq minutes, je suis repartie pour éviter de me refroidir. Pas facile de tenir le *wishbone* de nouveau. J'avais bien mal aux mains ! Pendant la pause, mon équipe m'avait informée que j'avais distancé de sept nautiques mon ami Beb. Quel étonnement ! Moi qui croyais que je serais un boulet pour ce sportif habituellement bien plus rapide que moi !

Alors que je repartais, j'ai aperçu le bateau-ambulance qui me rattrapait. J'ai alors demandé où était Beb : « *Il a dû abandonner il y a une heure* », m'a répondu le capitaine. Ma déception était immense : le savoir à bord de son bateau suiveur me fendait le cœur. C'est alors que Beb m'a entendue à la VHF et m'a expliqué les raisons de son choix. N'arrivant plus à abattre et le soleil commençant à tomber, il avait compris qu'il n'atteindrait pas l'objectif et donc décidé de jeter l'éponge.

Je ne l'entendais pas de la même oreille. Il était hors de question que je m'arrête, même si je n'atteignais pas notre cible d'arrivée, le marae Taputapuatea, grand lieu de culte polynésien. J'étais décidée à continuer jusqu'à l'épuisement. Raitu me suivait, mais malheureusement le vent est tombé et en bas de vague j'ai perdu le planning. J'ai décidé de changer de planche une fois de plus, mais cette fois, la manipulation, beaucoup plus professionnelle, a été très rapide. « *Juste pour le plaisir* » : voilà ce qu'a entendu la totalité de l'équipe à la VHF. Juste pour le plaisir d'être là sur l'eau, en parfait équilibre avec les éléments, je voulais continuer. « *On n'est pas bien, là ?* »

Un bel exploit

La fatigue n'était pas encore pesante, mon corps restait encore loin de son point de non-retour, mais j'entendais les conversations des deux capitaines. Les appareils de navigation de Raitu ne lui permettaient pas de rentrer de nuit ; quant à l'autre bateau coureur, il avait déjà fait route depuis longtemps vers Raiatea. À contrecœur, j'ai compris que j'allais devoir arrêter l'aventure, quitter ce milieu que j'aime tant, pour ramener mon équipe en toute sécurité à bon port ! RFO a immortalisé le moment, puis je suis remontée à bord du bateau ambulance pour répondre à leur interview. Cependant, mon esprit était ailleurs, resté sur ma planche, avec l'équipe du bateau de Raitu. Je n'avais pas envie de les quitter, mais ils m'ont fait comprendre que je serais mieux sur le gros bateau.

J'avais navigué pendant sept heures trente et je ne m'en étais pas rendu compte ! Mon corps allait bien, moi qui croyais que ce serait dur. Mon entraînement avait payé. Je pensais à Michaël, mon préparateur physique à la thalassothérapie de Carnac, à qui j'aurais le plaisir de raconter ça ! À bord, tout le monde me félicitait, les yeux brillants. On a applaudi, j'étais heureuse, mais un peu sonnée tout de même. L'équipe m'a remerciée de lui avoir fait vivre cette belle aventure humaine. Ils m'ont raconté alors, que pendant cette longue journée, ils avaient vécu au rythme de mes échanges VHF avec Raitu ! Si j'avais su qu'ils entendaient tout !

Cap sur Raiatea. La nuit tombait et à bord du gros bateau-ambulance, je regardais mon ami Raitu, ce pêcheur qui pendant plus de sept heures ne m'avait pas lâchée d'un œil. Je le voyais accroché au manche qui lui servait de volant. Mon souffle se coupait lorsque son bateau décollait puis disparaissait sous les vagues. La houle n'avait guère diminué et j'admirais cet homme et son équipier qui affrontaient le Pacifique pour vivre. Chaque jour, ils allaient harponner la dorade coryphène, nommée ici mahi-mahi.

Une fois couchée, je me suis endormie avec les mots de Raitu, ceux qui m'avaient accompagnée toute la journée : « *Sarah tourne ! Sarah tourne !* » C'était avec beaucoup de fierté et de confiance que je m'étais laissée guider par ce grand marin.

Alors que la nostalgie de cette belle aventure m'envahissait, ma surprise a été immense lorsque j'ai aperçu la foule amassée sur le ponton de Raiatea. Ils étaient tous là, la famille, les amis, les passionnés de windsurf, et les médias locaux. Dans l'obscurité tropicale, j'ai enfin retrouvé Beb. L'émotion nous a envahis et nous sommes tombés dans les bras l'un de l'autre. Nous venions de vivre une aventure unique. La suite, c'était des colliers de fleurs par dizaines, des accolades, des embrassades, des flashs, de la noix de coco fraîche, un bon repas et de bonnes courbatures le lendemain !

Nous reviendrions à Raiatea, mais cette fois en planche, si le vent de nord-est le voulait bien[1].

L'avant-projet et les tests

Ce qui peut sembler « facile » pour Sarah est en réalité un réel exploit sportif. Le windsurf est un sport exigeant physiquement et la navigation en mer ne l'est pas moins mentalement. Regardez par curiosité le physique des champions de windsurf (le Français Antoine Albeau, l'Américain Robby Naish, l'Espagnol d'origine néerlandaise Björn Dunkerbeck, etc.) : ce sont de beaux bébés tous proches des 100 kg et mesurant 1,80 m minimum... Dans ce sport qui massifie, tous les muscles travaillent. Et si l'on peut reconnaître que les femmes qui y excellent naviguent plus en finesse que les hommes, elles restent de véritables sportives de haut niveau. Conjuguer un sport de glisse avec la haute mer n'est pas chose facile, la planche demeurant un « engin » de plage inadapté à la haute mer, car il ne permet pas de se reposer. C'est donc un effort ininterrompu que Sarah a dû faire pour réaliser cette première traversée. Sans compter que pour naviguer à plus de 60 km/h dans des creux de plus de quatre mètres, pendant plus de sept heures, il faut « en avoir ». Je suis persuadé que je n'aurais pas tenu plus de trente minutes (ni mentalement, ni physiquement) dans ces conditions. Chapeau, Sarah ! Le mental et le physique, le courage et la technique... Autant de qualités qu'il faut rassembler pour venir à bout de cette épreuve.

→

1. Le vent de sud-est nous avait obligés à tirer beaucoup de bord au large et contraints à faire de nombreux milles en plus.

→

Cette phase du projet est aussi bien sûr nécessaire du point de vue de l'expérimentation. S'approcher des conditions réelles permet de vivre des expériences (mini-projets) capitalisables. Ainsi Sarah a-t-elle pu emmagasiner, sur le plan mental, les « sensations » liées à la navigation en haute mer en windsurf (et se rendre compte du plaisir qu'elle éprouvait à être seule sans voir les côtes, élément clé du projet...), et, sur le plan matériel, elle a identifié les techniques nécessaires pour changer de matériel en cours de route. Nul doute que cela lui aura servi pour réaliser la traversée de l'Atlantique.

Quand vous déployez un projet, si possible (financièrement et temporellement), prévoyez de réaliser un « prototype ». Combien de marins en herbe ont tout abandonné ou tout vendu pour construire ou acheter un bateau pour vivre la grande aventure avec leur famille autour du globe et ont fait demi-tour au bout de quelques semaines en se rendant compte que le milieu marin n'était pas fait pour eux ? Les désillusions liées à un projet non préparé sont nombreuses sur le plan psychologique. Les conséquences tant mentales que financières sont catastrophiques, parfois tant sur le plan personnel qu'en entreprise. Quand on dépense toute son énergie et qu'on échoue dès les premières étapes, il faut une force mentale exceptionnelle pour rebondir... ou tout simplement s'être préparé à cette éventualité (c'est ce que nous appelons en conduite de projet l'analyse du risque et/ou la mise en place de jalons de type go/no go, qui permettent de passer à la phase suivante).

Le passage du rêve à la réalité peut être difficile et entraîner des conséquences graves pour nos proches et nous-mêmes. Certains mettent des années à se remettre d'un projet interrompu en cours de route. C'est d'autant plus vrai si l'on entraîne sa famille dans le projet, par exemple en cas d'échec de la construction d'une maison dû au dépôt de bilan du constructeur et à la non-contraction d'une assurance de type dommage-ouvrage. Il en va de même pour une entreprise qui s'engage dans la mise en œuvre d'un plan stratégique

→

élaboré « en chambre » dans une salle de réunion, avec des « têtes pensantes » qui appliquent des théories qu'ils n'ont jamais mises en pratique. La « technocratie » n'a jamais fait bon ménage avec la pratique, surtout en pleine tempête... L'exemple navrant de nos hommes politiques actuels, qui ne savent pas gérer la situation de crise, doit nous alerter sur la nécessité de tester avant d'industrialiser.

Dans un projet, passer du rêve à la réalité se traduit par la mise en place de phases de « prototypage », c'est-à-dire des mini-projets dans le projet lui-même. Le but ? Tester les hommes (l'équipe) ainsi que les conditions matérielles de réalisation. Cela permet également de construire l'équipe, de la fédérer, de lui donner des souvenirs communs, une histoire et de s'ajuster les uns aux autres, de comprendre comment chacun réagit en conditions réelles.

Dans le cas de Sarah, il aurait été intéressant que cette expérience puisse être menée avec l'intégralité de l'équipe qui l'accompagnera dans sa traversée. Cela lui aurait permis de découvrir en conditions de « test » des comportements qu'elle a expérimentés en conditions « réelles »... comme vous le verrez en lisant la suite de son récit.

Quelques conseils

- Réfléchissez à une situation de test ou de prototype et scénarisez-la.
- Si nécessaire, prévoyez plusieurs sessions de test.
- À l'issue du test, prenez le temps de faire un bilan intermédiaire en écoutant chacun sur son vécu et son expérience.
- Donnez-vous la possibilité d'arrêter le projet à l'issue de la phase de test. Ce n'est pas un échec, juste une décision prise en connaissance de cause.
- Ne négligez pas l'assemblage de l'équipe sur le plan psychologique dans cette phase.

AGENT ET SPONSOR : UNE RENCONTRE HOULEUSE

De retour en France, je savais ce qui fonctionnait et ce que je devais modifier pour être prête le jour J. Avant de partir à Tahiti, j'avais rencontré un jeune communicant qui m'avait été conseillé par une structure éducative. Avec les jeunes de sa maison de quartier, il avait décidé de m'aider à trouver des partenaires en échange d'un pourcentage de rémunération. En dépit de plusieurs semaines de travail, cela n'a pas vraiment fonctionné. Il m'a alors proposé d'organiser un concert qui nous permettrait de récolter des fonds. J'étais un peu méfiante, car je devinais la dose de travail conséquente que représentait ce projet et les risques qu'il comportait. Mais les jeunes m'ont assuré qu'ils savaient faire. J'ai donc débloqué un mini-budget et leur ai laissé la responsabilité d'organiser cet événement.

Le concert du 27 août 2011 s'est révélé une sacrée aventure, certes un peu « freestyle », mais très humaine ; hasardeuse aussi, car malgré toute la bonne volonté des jeunes, nous avons dû pallier de nombreux oublis. Lors de ce rendez-vous fort, j'ai pu compter sur mes amis fidèles : amateurs du spot de Saint-Colomban, copains de Carnac, de Ploemel ou même de Locmariaquer. Au final, cela a été une très belle journée et une excellente soirée. Côté fourneaux, les copains n'ont pas hésité à mettre la main à la pâte, en épluchant des pommes de terre et cuisinant des moules. Le temps d'une journée, tous ceux qui soutenaient le projet sont venus me communiquer leur appui. En cela, c'était une vraie réussite, en plus d'être un moment d'échanges très convivial. Ce soir-là, j'ai rencontré un donateur pour ma traversée, lui aussi passionné de windsurf. Je suis tombée sous son charme et lui sous le mien. Ce n'était pas vraiment le moment d'intégrer un homme dans ma vie, mais puisque le sort en avait décidé ainsi… Le jeune homme a été prévenu : les semaines à venir seraient *rock and roll*. Finalement, son soutien et sa présence représenteraient une aide inestimable pour moi.

Les jours ont passé et les pourparlers ont continué avec la société STEF. Quant à Boston Scientifc, ils ont signé le contrat. Sont venus s'ajouter à ces partenaires la Maison de la Nouvelle-Calédonie, O'Neill et Naish. Je devais partir pour Nouméa le 11 novembre pour deux mois afin de terminer mon entraînement en vue de la traversée. Le mois de septembre touchait à sa fin et je commençais à « flipper » sérieusement. Le cauchemar du mois de septembre 2010 allait-il recommencer ? Alors que je continuais de constituer mon équipe à terre et en mer, il me manquait toujours un bras droit. Je suis donc partie à la recherche d'un agent sportif. Cela faisait plusieurs années que je cherchais le bon, mais ce n'était vraiment pas facile. Le rôle d'un agent est de trouver des partenaires, de gérer la relation avec ces derniers et le sportif, de protéger celui-ci et de lui proposer des actions de communication. Pour la traversée, je cherchais quelqu'un qui pourrait gérer la communication avec mes sponsors et les éventuels contacts avec les journalistes une fois que je serais en mer. J'ai finalement rencontré mon futur agent à Paris. Elle s'occupait déjà d'un célèbre marin depuis le début des années 1980. Le contact est bien passé. Elle me semblait sérieuse et avait plutôt de bonnes références. Je lui ai donc proposé la mission.

Alors que j'allais quitter la métropole une dizaine de jours plus tard, la STEF m'a appelée pour m'informer d'une excellente nouvelle. J'étais en train de grimper dans mon camion avec lequel je parcours les spots pour m'entraîner — direction la plage de Carnac pour un énième entraînement —, quand sous la pluie automnale mon téléphone a sonné. Au bout du fil, le directeur de la communication de STEF, Luc, m'a annoncé avec un sourire dans la voix qu'il avait une bonne et une mauvaise nouvelle. Luc est un sacré phénomène, un homme de cœur caché sous une allure nonchalante. En fait, c'était une blague : il n'avait que des bonnes nouvelles. Le premier logisticien européen du froid allait financer ma traversée, compléter le budget et devenir ainsi mon partenaire majeur. Un vrai soulagement ! Très reconnaissante, je lui ai donné rendez-vous à Paris, auquel j'ai aussi convié mon agent. Leur première rencontre a été difficile. Le courant ne passait pas et Luc restait sur la défensive. Le rôle d'un agent n'est pas toujours bien perçu, certains pensent qu'il est là pour voler l'argent du sportif. Aussi il n'est pas facile pour un sponsor d'accepter de travailler avec un tiers alors que jusque-là il pouvait être en rapport direct avec l'athlète. Les choses finiraient bien par rentrer dans l'ordre !

L'organigramme d'un projet...

La constitution de l'équipe projet est une phase décisive. Si le choix des partenaires proches ou lointains est très compliqué, c'est aussi un pari, surtout lorsque l'on n'a pas déjà vécu une expérience similaire avec eux. Une chose est sûre : l'arrivée impromptue d'un nouvel acteur bouleverse la donne et peut perturber le système relationnel. Du côté de Sarah, elle court un risque majeur, surtout s'il s'agit de l'un des financeurs principaux.

Comment procéder ? L'idéal est d'avoir un ordre méthodologique, c'est-à-dire fixer les objectifs (de résultat, de temps et de coût), puis seulement ensuite construire l'organisation humaine du projet avant de bâtir enfin l'équipe. Il s'agit de mener une action de « *team building* » pour que les différents acteurs comprennent les rôles de chacun, s'ajustent entre eux et passent d'une juxtaposition d'experts à une véritable équipe capable d'affronter le projet et ses aléas. Évidemment, sur le papier, c'est facile à dire. Dans la vraie vie, c'est plus compliqué, car ce type de projet se construit au fil des opportunités et des rencontres.

Il faut alors distinguer la phase d'avant-projet (opportunité et faisabilité) de celle de préparation du projet. En avant-projet, tout peut dépendre du côté humain. L'assemblage n'est pas définitif, les acteurs pas tous présents. En phase de préparation, les acteurs s'assemblent de manière « définitive », en équipe, pour atteindre les objectifs.

→

→

Les rôles à remplir sont finalement assez simples. Il faut un commanditaire (donneur d'ordre qui décide de lancer le projet ou de l'arrêter), un ou des payeurs (qui financent le projet), des clients (utilisateurs finaux de ce qui est fabriqué dans le projet), un chef de projet qui organise, anime et garantit l'atteinte des objectifs fixés par le commanditaire, enfin des experts techniques en appui du chef de projet qui interviennent sur certaines parties du projet.

L'agent de Sarah est-il le chef de projet ? Son rôle est-il clair ? Est-il le coach de Sarah ? Qui va garantir à l'un des payeurs (STEF) que cet acteur ne détournera pas le projet à son propre profit ? Quel va être son réel périmètre d'intervention ? Quels vont être ses pouvoirs et sa latitude par rapport aux objectifs du projet ? Ne va-t-il pas interférer sur la relation privilégiée entre Sarah et STEF ? Et s'il est clair que Sarah est à la fois commanditaire et cliente (utilisatrice de son projet), qui est le chef de projet ? Cette question reste à ce stade en suspens.

Quelques conseils

- Nommez le chef de projet le plus tôt possible.
- C'est le commanditaire qui choisit son chef de projet.
- Prenez le temps d'expliquer clairement le rôle de chacun.
- Définissez et écrivez les « champs de pouvoir » de chacun.
- Pensez que la gestion d'un projet ne s'improvise pas et qu'il faut avoir été formé à la méthode et aux outils.

NOUVELLE COMMUNION AVEC LA NATURE

Mon budget bouclé, j'ai pu débloquer les fonds pour financer l'agence de communication qui allait enfin pouvoir démarrer son travail. Cette entité parisienne et londonienne devait gérer pendant deux mois ma communication externe et l'envoi de communiqués de presse avant, pendant et après la traversée. J'étais toujours en contact avec le gestionnaire du bateau Ocean Alchemist. Ce trimaran appartenant à Olivier de Kersauson allait assurer mon suivi pendant la traversée. J'avais rencontré le célèbre marin pendant l'été. J'avais échangé pendant deux heures à Brest avec celui qui avait été le second d'Éric Tabarly pendant dix ans et remporté le trophée Jules Verne en soixante et onze jours, entre autres exploits nautiques. Pendant notre conversation, le participant zélé des « Grosses Têtes » n'avait pas failli à sa réputation. Néanmoins, je pense qu'il avait compris à qui il avait affaire. Pendant cette entrevue, j'ai fait la connaissance du directeur adjoint du magazine *Paris Match*. Mon histoire l'intéressait et il avait apparemment apprécié mon sens de la répartie face au vieux loup de mer. C'était donc décidé : l'hebdomadaire ferait partie de mes partenaires médias. Une aubaine pour le projet !

De retour à Carnac depuis Paris, le compte à rebours s'est emballé. Les dix voiles pour la traversée sont arrivées, puis stockées chez Matheus Communication, l'un de mes partenaires, un fabricant d'adhésifs. J'ai découvert avec bonheur dans ce bel atelier du centre-ville d'Auray (Morbihan) les voiles aux couleurs de mes partenaires, roses et parsemées de cœurs, porteuses de ma devise « Avec du cœur, tout est possible ». L'un de mes sponsors, Robby Naish, s'en est donné à cœur joie. Avec ces couleurs, ça claque ! Les rendez-vous avec les médias ont commencé à se succéder, tandis que je continuais mon entraînement à la salle de la thalassothérapie de Carnac. Le budget étant bouclé, j'avais le cœur léger.

Avant de partir pour Nouméa, j'ai organisé un petit « pot » dans la rhumerie de Carnac, une belle occasion de se réunir entre amis. Mon sponsor principal, représenté par Luc, m'a fait une belle surprise. Un photographe qui venait d'entrer dans le bar m'a expliqué qu'il était missionné par STEF pour prendre des photos de la soirée. Sympa ! En fait, ce photographe était celui qui avait pris la photo qu'Ellen MacArthur m'avait dédicacée quelques semaines auparavant. Une photo d'elle et de son chien où elle m'avait écrit « Tout est possible ! À donf' ! Ellen » et dessiné une petite patte de chien. Pour moi, cette femme simple est un véritable exemple. Une grande dame qui a réalisé l'exploit de faire le tour du monde sur un immense catamaran. J'aime son naturel et sa force. Luc le savait. Comme il avait le même chien que la navigatrice, un Border Collie, il avait décidé de faire faire le même cliché à la soirée. Le hasard a fait le reste : le photographe finalement venu en remplacement de celui initialement prévu était justement l'auteur du fameux cliché dédicacé ! Cette attention de Luc m'a beaucoup touchée.

Quelques jours plus tard, mon cœur frétillait à l'idée de retrouver les miens quand les roues de l'avion de la compagnie Aircalin ont touché la piste de l'aéroport internationale de Nouméa, La Tontouta. Et comme à chaque fois, lorsque l'avion ouvre ses portes, l'air humide a envahi la cabine. Qu'il était bon d'être de retour chez soi ! C'est donc dans ces conditions idéales que j'allais achever mon entraînement. J'ai dirigé à distance les derniers préparatifs avec l'aide de mon agent. Pour m'entraîner en Nouvelle-Calédonie, j'avais prévu d'accompagner un ami, Alex Rouys, dans son tour du territoire caldoche, en plus de mon programme de navigation. Pour mes vingt-sept ans, je me suis offert une belle balade : une expédition inoubliable dans l'extrême sud de la côte est du « caillou » en windsurf. J'ai rejoint Alex à Yaté pour près de huit cents kilomètres de surf, l'alizé dans le dos. Après une première nuit sous la tente et un départ hasardeux par un vent encore très faible, nous avons grillé au soleil, accrochés à nos *wishbones* pendant plus d'une heure et demie. Puis les nuages sont partis et la brise s'est levée, les glissades ont débuté et la fameuse « côte oubliée »[1] a commencé à dévoiler son rivage mystérieux.

L'accès à ce bout de terre isolé, dénué de tout moyen de communication, est possible seulement par la mer. Nous sommes seuls avec la nature. Autant dire que le sentiment de liberté est à son maximum. Les pieds dans les *straps* de ma planche, je voyais défiler rapidement cette côte devenue familière, puisque je l'avais déjà explorée en kayak avec ma famille trois ans auparavant. Au bout de plusieurs heures de navigation, nous sommes arrivés à Thio complètement surtoilés[2]. Le vent était bien monté. Sous les hauteurs de la célèbre mine de nickel, nos muscles se sont enfin relâchés. Pour nous accueillir, la toute nouvelle station de la SNSM (Société nationale de sauvetage en mer) était représentée par son responsable, Everik. Ici, on le surnomme — tout comme ses associés — le « furieux de la plate[3] » ! Quelques litres d'eau, plusieurs minutes d'étirement et un bon dodo plus tard, c'était reparti. Le trajet prévu pour cette deuxième journée était Thio-Touho, soit une sacrée distance à parcourir.

Le vent s'était levé assez tôt et nous gréions sous les falaises mariant les tons ocre, rouille et verts. J'ai découvert les magnifiques baies de Canala et Nakéty. Un minéralier attendant sa précieuse cargaison de nickel nous a accueilis dans la baie de Houailou, connue pour ses fruits exotiques appréciés en cette fin d'année. Une petite pause m'a permis de déguster quelques succulents litchis. C'est dans cette zone que ces arbres fruitiers sont les plus nombreux. Slalomant entre les bancs de bonites, nous sommes repartis en direction de Poindimié. La mer y est

1. Seule partie de la Nouvelle-Calédonie non desservie par une route (l'extrême sud de la côte est de la Grande Terre).

2. Utiliser une voile trop grande au vu du gabarit du véliplanchiste et de la force du vent.

3. Petit bateau à moteur tôlé en aluminium.

émeraude, couleur de la garniérite, la pierre dont on extrait le nickel. Les minutes et les heures s'écoulaient et je ne reconnaissais toujours pas le rivage de Touho. Finalement, au soleil couchant, Alex a demandé son chemin à un va'a[1] qui passait par là. J'ai cru entendre une blague quand il m'a annoncé que la pointe que l'on voyait à peine était Touho. Nous avions une heure pour l'atteindre avant que la nuit tombe. Ce n'était pas engageant, mais à deux, nos forces seraient multipliées. Nous avons cassé nos bâtons lumineux et mis les voiles aussitôt. C'est finalement sous le scintillement de ma lampe de poche que nous sommes entrés dans la passe de Touho, sous les yeux bienveillants de l'équipe de sécurité qui nous avait rejoints en bateau.

Une fête battant son plein juste à côté de l'endroit où je dormais, les cris m'ont tenue éveillée une bonne partie de la nuit. Peu importe, je regardais la brise secouer les arbres tropicaux du jardin, allongée sur la terrasse et j'entrevoyais la voie lactée et ses milliers d'étoiles. Alors que je m'endormais, un moustique est venu troubler la douceur de cette belle nuit d'été. Finalement, mon repos a été de courte durée, puisqu'à quatre heures du matin, ce sont les coqs qui s'y sont mis gaiement. Après avoir avalé un thé, mangé quelques litchis et une belle part de gâteau à la banane, je suis partie gréer ma voile. Je me sentais en superforme et étais surprise de voir à quel point mon corps était entré dans la routine d'un effort long et répétitif. Nous avions pourtant enchaîné depuis deux jours des journées de huit heures.

S'en est suivi un moment d'une incroyable intensité. Nous nous sommes retrouvés au pied de la poule de Hienghène, ce monument naturel formé par les roches noires des falaises de Lindéralique, curieusement posé sur le lagon de cette baie du nord-est de la Nouvelle-Calédonie. Mes yeux brillaient comme ceux d'une gamine. Alex aussi, même s'il était davantage préoccupé par les

1. Le va'a est une pirogue dont la stabilité est assurée par un balancier unique, relié à la coque par deux bras en bois. Les liens sont assurés par des lanières de caoutchouc, à la fois résistantes et souples.

poissons qui sautaient dans cette eau verte d'une opacité totale. Pas un de ses orteils ne touchait l'eau... Y aurait-il « du gros » là dessous ? Peu de temps après a surgi le Mont Panié, le plus haut sommet de la Nouvelle-Calédonie qui culmine à mille six cent vingt-neuf mètres. Le vent s'est arrêté brusquement. Nous slalomions entre les passes à l'allure d'un escargot, tantôt au large, tantôt dans le lagon, sans vitesse. Ce petit jeu n'était pas rassurant, car c'est là que les prédateurs chassent. En plus, je venais de voir un requin qui devait faire trois mètres et avait le ventre plein. Nous allions être obligés de faire quelques kilomètres en voiture pour éviter cette zone abritée du vent par le toit de la Grande Terre. Mais avant, il fallait attendre notre camion suiveur qui venait de passer le bac d'un fleuve côtier, la Ouaieme, le dernier bac du « caillou ». Toujours dans la commune de Pouébo, nous nous sommes remis à l'eau pour atteindre en fin de journée Balade, une rade qui avait vu accoster sur ses côtes le navire HMS Resolution, avec à son bord le célèbre explorateur britannique James Cook. C'était le 5 septembre 1774, sous les yeux estomaqués du grand chef Tea Booma.

Alors que je pensais passer mes dernières heures en compagnie de l'équipe, faute de vent, j'ai été ravie d'être réveillée le lendemain par une branche fouettant le toit de la tente. Une journée de plus qui avait le goût d'un cadeau d'anniversaire supplémentaire ! Je n'avais jamais été autant au nord sur le « caillou ». Quand Alex m'a invitée à le suivre sur le platier[1] de l'île Baladio j'en ai eu le souffle coupé. L'eau était tour à tour bleu turquoise, puis transparente... Je ne voyais même plus le relief du clapot ! À la manière d'une raie manta, j'avais l'impression de voler avec ma planche à voile. Le paradis existe, je peux vous l'assurer. Alors qu'Alex fonçait tout droit en direction des îles Belep, j'ai sifflé violemment pour lui indiquer qu'il était en train de rater Boat Pass, le canal qui permet de passer de la côte est à la côte ouest. La fin se rapprochait et mon cœur se serrait. Je profitais

1. Zone récifale à fleur d'eau souvent localisée aux abords d'une île.

de ces moments uniques où ma planche et moi étions en harmonie totale avec la nature. Puis cap sur le village de Poum *via* une magnifique baie malheureusement défigurée par un incendie qui avait ravagé la plaine. Voilà ce qui m'a le plus marquée pendant ce tour de Nouvelle-Calédonie, la terre partie en fumée, des milliers d'espèces d'arbres, de fleurs, et d'insectes disparus dans les flammes. Si nous ne faisons rien, il ne nous restera bientôt rien de ce magnifique héritage. La biodiversité ne sera alors qu'un vieux souvenir que nos enfants pourront observer sur leurs écrans d'ordinateurs…

Ma partie du voyage était terminée. J'avais accompagné Alex sur la seule côte est et il devait à présent continuer sa route sur la côte ouest pour remonter vers Nouméa. Le voir partir seul vers la suite de son expédition m'a pincé le cœur. Cette aventure se terminait, mais bientôt une autre, la mienne, débuterait. Je n'imaginais pas encore l'intensité de mes sentiments au départ de mon voyage transatlantique.

De retour à Nouméa pour poursuivre mon entraînement, je commençais à connaître par cœur les kilomètres carrés de lagon faisant face à la capitale. Je quittais tous les jours mon club d'enfance, l'ACPV (Association Calédonienne de Planche et de Voile), à la côte blanche, pour rejoindre le phare Amédée au large. Si le temps le permettait, j'enchaînais les aller-retour toute la journée. C'était un peu répétitif, mais efficace pour m'entraîner à la possible monotonie de l'Atlantique. Cette zone de navigation, je la couvrais depuis mes dix-sept ans. Quitter le rivage pour se retrouver en plein lagon est toujours un moment privilégié. Après avoir quitté le sable blanc, on entre dans une eau émeraude, puis turquoise, pour ensuite arriver dans des eaux couleur turquoise, bleu électrique et enfin bleu marine. Impossible de choisir ma teinte favorite ! Une chose est sûre, c'est le bleu que je préfère. La faune suit la même diversité. D'abord, on voit les petits poissons transparents qui occupent les fonds sableux ; ensuite on découvre les récifs habités par des milliers de poissons d'aquarium. À ce stade, on observe souvent des petites tortues et des petits requins. Plus loin, sur le tombant de ces HLM pour poissons tropicaux, les tricots rayés et autres serpents viennent pointer le bout de leur tête à la surface de l'eau. Les requins, si on a la chance d'en voir, sont déjà plus gros. Souvent, on observe plus au large des espèces de tortues énormes : les tortues vertes peuvent atteindre deux mètres d'envergure ! Celui qui a ma préférence est le dugong, ce mammifère paisible qui broute les herbiers. Autrefois, les marins le prenaient pour une sirène, tant son chant est beau. J'ai eu la chance plus jeune de surprendre deux dugongs qui se faisaient de douces caresses à un mètre derrière moi en plongée. Je n'oublierai jamais le son de leur chant, une musique qui pourrait faire pâlir d'envie le meilleur orchestre philharmonique. Celui qui entend un jour ces sons poétiques sera à vie envoûté par le mystère de la vache marine (oui on l'appelle aussi comme ça, c'est beaucoup moins glamour, je sais !). Entre deux vagues, on a parfois l'occasion d'apercevoir les dauphins, même ci ces derniers sont plus facilement observables par temps calme.

Je ne passais donc pas mes journées tout à fait seule en mer. En plus de mon MP3 étanche, bloqué sur l'intégrale de Barbara depuis cinq jours, sans oublier Serge Gainsbourg, mes yeux étaient souvent distraits par la faune qui occupe le plus grand lagon du monde, classé au patrimoine mondial de l'Unesco depuis 2008. J'enchaînais les journées de navigation, finissant par y passer huit heures quotidiennes pendant douze jours. Ce bloc d'entraînement a finalisé la dernière ligne droite de ma préparation physique. À ce stade-là, j'avais franchement la pêche et surtout l'envie boulimique de partir. En revanche, l'inconvénient d'un tel rythme est que j'étais devenue un peu autiste ! Peu importe, c'était passager. Et puis en mer, il faudrait bien que je m'habitue à être seule avec moi-même.

De la nature même du projet…

À travers ces lignes, on découvre l'amour de la nature que ressent Sarah. Cette description *a posteriori* aurait pu, si elle avait été analysée en amont, par exemple à travers un bilan intermédiaire, changer la nature du projet. Finalement, cette communion avec la nature n'est-elle pas le véritable but du projet ? N'aurait-il pas dû être réorienté vers ce type d'objectif ? Le projet aurait-il mobilisé suffisamment de sponsors si cela avait été une simple aventure personnelle ? Sûrement pas.

Le côté « politique » du projet, au bon sens du terme, est un élément déterminant, car il induit souvent les moyens qui vont être alloués au projet. Il faut néanmoins se poser la question de savoir si ce n'est pas faire le grand écart entre les objectifs politiques d'une part et plus opérationnels d'autre part de l'utilisateur final (client du projet). Dans ce cas, cela met le projet et les acteurs en danger. À ce stade de l'aventure se pose toujours la question des objectifs réels du projet et de leurs critères de « performance ». Au final, il s'agit de savoir comment évaluer le degré de réussite du projet et qui va s'en charger.

L'influence du financeur (payeur) est loin d'être négligeable. Il cherchera, et c'est naturel, à rentabiliser son investissement. Cette situation est d'autant plus vraie en ces temps difficiles où la raréfaction des ressources permet de moins en moins de financer la part du rêve. Et si, à titre personnel, il peut être traumatisant de ne pas pouvoir « financer » ses rêves, ne pas pouvoir financer l'innovation a tout autant d'impact en entreprise. À partir du moment où nous avons mis à la tête de nos organisations des financiers dont le seul indicateur est la marge nette ou le cours de Bourse, il n'est plus permis de rêver. Or le projet doit rester un vecteur d'innovation et de rêve avant d'être un outil d'optimisation. C'est cette part de rêve qui permet aux individus de se transcender, de se dépasser physiquement et intellectuellement, de découvrir de nouveaux horizons, de nouvelles technologies, de nouvelles pistes pour la société de demain.

Quelques conseils

- Acceptez aussi qu'une partie des ressources du projet soit consacrée au rêve ou à l'innovation.
- Utilisez cette partie de rêve pour mobiliser les acteurs du projet.
- Réfléchissez au positionnement de chacun des acteurs et demandez-vous ce qu'il vient chercher à titre personnel dans le projet.
- Ne laissez pas le rêve prendre le pas sur les objectifs au risque de désorganiser le projet.
- Favorisez l'innovation dans le projet en sollicitant tous les acteurs.

CHANGEMENT D'EMBARCATION

À un mois de mon retour en métropole, début décembre 2011, j'ai dû prendre une décision importante pour le projet, car je ne trouvais pas de terrain d'entente avec l'équipe d'Ocean Alchemist, ces derniers refusant de me fournir un contrat complet et détaillé de location. J'ai donc décidé de revenir vers le capitaine du catamaran que j'avais repéré un an auparavant. Le bateau en question était à sec à l'Aber-Wrac'h, un petit coin de paradis dans le Finistère Nord. Joint par téléphone, Philippe Chapel, le skipper, surnommé Chacha, a accepté de suivre l'aventure : il lui restait deux mois pour préparer son bateau. Passons outre les gros soucis de transfert avec la « banque » qui distribuait notre courrier. Il était impossible de transférer des grosses sommes à distance, cause de bien des exaspérations et énervements. De l'autre côté du globe, Chacha attendait les financements pour commencer ses travaux de mise en état de navigation.

Ce n'était pas une décision à prendre à la légère. D'un côté, j'avais un bateau ultraperformant, offrant la sécurité grâce à sa motorisation, qui avait déjà réalisé de nombreux suivis et apportait donc la garantie que je serais suivie de près. De l'autre, un catamaran, c'est-à-dire un voilier de course, certes habitable, avec un marin expérimenté lui aussi dans le suivi de course, mais dépendant des aléas de la navigation à la voile et limité en termes de vitesse. Je crois que rien n'arrive par hasard. J'étais profondément contrariée de devoir partir pour une si longue traversée avec un bateau propulsé par une énergie fossile. Quand l'option de ce catamaran est devenue presque une évidence, je me suis sentie beaucoup plus en accord avec mes convictions. Sans compter mon impatience de naviguer et tenir la barre d'un si beau bateau pendant mes pauses à bord avant d'aller me coucher.

Mon calendrier se remplissait d'interviews pour mon retour en métropole, dont une semaine complète à Paris. À Bordeaux, Be Tomorrow, la société qui allait réaliser le suivi en ligne de ma traversée et un jeu virtuel où chacun pourrait prendre sa planche et essayer de me battre, était sur le pont pour préparer le lancement de la traversée. Les plans de communication de mes deux principaux partenaires, STEF et Boston Scientific, se mettaient en place. Mon agent était en contact avec eux, mais les choses ne s'arrangeaient pas du tout avec la STEF. Le contact entre eux ne passait toujours pas. L'un dénonçait un caractère exubérant, et l'autre un manque d'efficacité. Le mur de Berlin semblait s'être érigé entre eux… Heureusement, côté Boston Scientific, la directrice de la communication était plutôt compréhensive et semblait s'adapter à mon agent. De mon côté, j'essayais de rassurer chaque partie quant à leurs craintes respectives et les invitais à garder le cap et la concentration pour réussir notre pari.

Le 11 janvier, après m'être bien ressourcée en famille, auprès de Tom, mon frère, de ma mère et de mes amis, j'étais gonflée à bloc pour vivre la dernière ligne droite de la préparation du projet. À ce stade-là, j'étais comme sur la ligne de départ d'une régate. Je savais que tout irait très vite. Je suis donc entrée en « mode concentration » : c'était parti.

Encore les objectifs… et l'analyse des risques

À la lecture de ces lignes, la question des objectifs centraux du projet de Sarah pourrait se poser. N'aurait-il pas été moins risqué et plus performant de réaliser la traversée avec un bateau à moteur, certainement beaucoup plus facile à manœuvrer et moins dépendant de l'orientation des vents, pour faire route non seulement vers l'objectif, mais aussi pour récupérer Sarah tous les jours ? L'équipage n'aurait-il pas été plus expérimenté et plus concentré sur l'objectif de suivi et de sécurité ? Sarah aurait-elle pu mieux récupérer la nuit de ses efforts de la journée sur ce type de bateau ?

Les objectifs combinés et peut-être trop nombreux peuvent à terme masquer le but principal et nécessiter des moyens parfois moins adaptés.

Le but est-il de réaliser un exploit sportif ou un projet « écolo » utilisant le moins d'énergie fossile possible ? Plus le but et les objectifs associés sont précis, hiérarchisés, plus la construction du projet, du planning, et la mise en œuvre est adaptée. Sans jeter la pierre à Sarah, la gestion du projet sur certains aspects frise ici l'amateurisme et l'opportunisme, loin d'une vraie construction professionnelle.

Quelques conseils

- Déterminez les objectifs qualitatifs avec des critères de performance bien précis.
- Déterminez le planning souhaité avec les différentes étapes et les différents jalons.
- Listez les moyens et les coûts associés.
- Hiérarchisez les trois types d'objectifs (coût, qualité et temps) entre eux (de non négociable à négociable).
- Rééquilibrez les objectifs (coût, qualité, temps) et vérifiez l'équilibre entre les trois.

CHAPITRE 4

LE DÉPART

DERNIÈRE LIGNE DROITE

Début janvier 2012, l'avion s'est posé sur la piste de l'aéroport de Nantes Atlantique, accueilli comme il se doit par le crachin breton. Pas de doute, j'étais bien de retour sur ma terre d'adoption.

Dès l'arrivée, la course a démarré. Je devais m'occuper des derniers autocollants à apposer sur mes voiles et de la production de ceux du bateau accompagnateur. Il fallait aussi m'assurer que mes vêtements porteraient bien les logos des principaux sponsors de l'événement. Mon sponsor O'Neill s'en est chargé. À Paris, j'ai lancé la procédure pour qu'une antenne soit installée sur le bateau afin qu'il soit connecté à Internet pendant la traversée. Nous pourrions ainsi envoyer des photos et des vidéos.

Le lendemain de mon arrivée, une équipe de *Paris Match* est venue filmer les préparatifs. Pas facile de se mettre à l'eau ! Après la chaleur des eaux tropicales, j'affrontais une des journées les plus froides de l'hiver. La température extérieure s'élevait à deux degrés ! Sympa. Entre deux clichés, j'ai poursuivi les préparatifs avec la pose d'inserts supplémentaires sur mes planches pour modifier l'emplacement de mes pieds. J'en ai également profité pour demander au *shaper*[1] d'y ajouter de la mousse orthopédique que j'avais réussi à trouver dans un laboratoire à Nouméa.

Entre deux prises de vue, j'ai rencontré le premier des deux

1. Artisan qui fabrique les planches de surf dans un « *shaperoom* ».

kinésithérapeutes motivés par l'aventure. Deux mois auparavant, à Nouméa, j'avais lancé une annonce sur Internet. Une « kiné academy » en quelque sorte. J'en avais sélectionné deux, venus me faire une séance d'essai en Bretagne. Je n'avais qu'une heure à leur consacrer, malheureusement. Le premier avait fait le déplacement de Toulouse. Un geste qui m'a touchée. Le lendemain, c'était le tour du second kiné, Denis, un personnage haut en couleurs, très atypique, une sorte de soleil. La séance s'est passée aussi bien qu'avec son collègue la veille. La féminité qu'il dégageait m'avait séduite. N'ayant qu'une équipe de garçons, je me suis dit qu'un homme sensible pourrait être un vrai atout. À l'heure où je suis partie pour l'Aber-Wrac'h, je n'avais pas encore pris de décision. Denis étant disponible, je l'ai l'invité à se joindre à nous.

À l'Aber-Wrac'h, la rencontre avec le bateau et le marin s'est très bien passée. En descendant la colline qui précède le chantier où le catamaran est au sec, j'ai découvert la tête du mât. Cet appendice semblait ne plus en finir. Mon regard glissait le long du mât pour trouver sa base. Là sous nos yeux, une immense plateforme nous faisait face. J'avais découvert les trampolines de Neptune Car's. En voyant ce bateau, mes yeux brillaient. Je savais que ce navire serait mon compagnon le plus fidèle pendant la traversée, et qu'un lien unique allait se créer entre nous deux. Je l'aimais déjà, ce rafiot.

Les sourcils froncés, la tête bien enfoncée dans ses épaules, Chacha est un marin du Finistère Nord. Ce n'est pas le genre de personne qu'on bouscule facilement. Après la visite du bateau, nous nous sommes tous retrouvés à la table d'une crêperie dans un beau manoir. Il faisait meilleur ici. Avant notre arrivée, le capitaine avait dû dégivrer son bateau pour qu'on puisse monter à bord. Une journaliste du magazine *Bateaux* et son cadreur étaient venus assister à la rencontre. Elle aussi était une « voileuse » : c'était un vrai plaisir de partager un bon pichet de cidre avec mes invités. Denis semblait à l'aise. Moi j'étais bien là, mais plutôt comme spectatrice de ce repas. Heureuse de voir mon équipe se former, de voir mon rêve se concrétiser. Les discussions allaient bon train et je découvrais le caractère entier et bon vivant du capitaine.

Deux jours plus tard, j'ai filé à Nantes pour une dernière vérification de mon défibrillateur. Une fois de plus, tout roulait et mon docteur m'a présenté ses meilleurs vœux pour la belle aventure qui m'attendait : « *Je te soutiens à 200 %.* » Cela faisait plaisir à entendre.

Le lendemain, j'ai eu le plaisir de rencontrer un nouveau partenaire, le Crédit Agricole du Morbihan ou plutôt HECA (Handicap et Emploi au Crédit Agricole). Une conférence de presse a été organisée les jours suivants pour officialiser notre partenariat. Ce sponsoring me plaît, car il a du sens. HECA vise à aider les collaborateurs ayant connu des difficultés de santé. Il leur permet de se sentir bien dans leur emploi et de mettre en place les adaptations nécessaires pour un retour au travail le plus rapide possible, en dépit de leur nouvel état physique. Lorsqu'on rencontre un nouveau sponsor, c'est d'abord une personne, souvent le directeur de la communication. Celui-ci était mordu de voile. Au fil des discussions, j'ai découvert que je connaissais une partie de ses amis, des sportifs professionnels en voile.

J'ai ensuite sauté dans un train pour Paris, car j'avais rendez-vous le lendemain dans les studios du *Magazine de la santé* sur France 5, pour mon premier direct. Le 20 janvier 2012, j'ai débuté l'écriture de mon journal de bord. Dans ce livre je vous dévoile une partie de son contenu. Désormais, ce petit carnet bleu turquoise allait m'accompagner jour après jour.

À L'ASSAUT DE LA PRESSE

20 janvier

Paris au mois de janvier, c'est comme un éclair sans sa crème pâtissière. Déjà deux jours que je réponds aux interviews, France 5, Le Monde, Sport24.com pour Le Figaro. Premier direct à la télé avec Michel Cymes pour le Magazine de la santé.

Ça y est, j'y suis ! À force d'y croire et d'en parler, ça a marché. Dans moins d'un mois, je serai les pieds dans les straps, en train de traverser l'océan Atlantique.

Pourtant, ça n'a pas été simple de réunir tous les fonds nécessaires pour réaliser cette traversée. Jusqu'au dernier moment, j'ai eu peur de ne pas y arriver. Il a suffi d'un coup de fil pour que le ciel chargé d'automne s'éclaircisse. Ce coup de téléphone, c'est le directeur de la communication de la STEF qui me l'a passé. Assise au volant de mon fourgon Volkswagen, je me préparais à aller faire un tour de Stand Up paddle. Il pleuvait et déjà la température se rapprochait « allègrement » de zéro. Une phrase a suffi pour me convaincre que cette fois, c'était la bonne, et que j'allais réussir mon défi. Grâce à la STEF, société française de transport frigorifique, mon budget était bouclé. Je me souviens que ce jour-là, en surfant sur les vagues de la plage de Sainte Barbe[1], je n'ai pensé qu'à ça. L'océan. Les yeux plongés vers l'horizon, j'imaginais tout l'univers magique qui m'attendait.

Je n'ai jamais voulu quelque chose aussi fort dans ma vie que de traverser l'Atlantique.

Deux ans, ajoutés aux deux mois d'entraînement en Nouvelle-Calédonie près des miens, m'ont permis d'être totalement prête à affronter mon destin. Chaque journée, chaque jibe, chaque

1. Spot de surf du Morbihan, dans la commune de Plouharnel.

vague me rapprochent un peu plus du départ. Après avoir accueilli l'équipe de Paris Match chez moi à Carnac, j'ai filé à l'Aber-Wrac'h pour rencontrer l'équipe, le skipper et le fabuleux bateau qui m'assistera pendant la traversée. Je n'oublierai jamais ce dimanche 15 janvier 2012. Comme une enfant qui se retrouve dans un monde fantastique, j'ai vécu cette journée dans un véritable émerveillement. Chaque minute était teintée de magie. Quelle chance de pouvoir grâce à mon projet, rencontrer des gens formidables. Philippe Chapel fait partie de la famille des marins qui, malgré la pesanteur des ans et la rudesse de l'environnement marin, savent parler et partager leur expérience en toute simplicité et avec beaucoup d'humilité. J'ai beaucoup à apprendre de ce capitaine. À ses côtés, l'aventure promet d'être riche. En descendant vers le fond de l'aber qui protège jalousement Neptune car's, j'ai soudain été remplie de joie et d'émotion en apercevant le majestueux mât de ce catamaran qui dépassait la cime des arbres.

Poser mes yeux sur cet albatros des mers restera un des moments les plus émouvants de ma vie. Je sais que pendant vingt-cinq jours, je serai sans cesse en train de vérifier derrière moi si l'élégante silhouette de ce bateau me suit bien. Obligatoirement, une relation très forte va naître entre nous. Ce sera le seul amer visible en haute mer, le seul repère. Neptune Car's sera en quelque sorte mon phare à moi. Première visite, découverte de l'extraordinaire voilure du bateau, de la cabine où je me reposerai, de celle où j'entreposerai mon matériel de rechange, et de tous les postes techniques. Je peux enfin imaginer en détail le quotidien de cette expédition. Ça va être génial, je n'en ai aucun doute. Philippe, Pierre, Denis, Pierre et moi allons vivre une formidable aventure humaine.

Mon choix est donc fait, à bord du bateau, l'équipe mer sera composée de Chacha, le capitaine, Pierre, son second, Denis, le kiné et un photographe, lui aussi prénommé Pierre. Il me faudrait des heures pour décrire cette fabuleuse journée. La magie s'est prolongée dans un manoir devant une galette de sarrasin fumante. Heureuse, je pouvais lire la joie et le rêve dans les yeux de mes équipiers. Mon seul regret : ne pas pouvoir compter sur la présence d'Olivier pour cette aventure. Cet ami planchiste et directeur d'un magasin de planche à voile à Lorient avait dû au dernier moment décliner le poste de caddy pour des raisons professionnelles. Au fil des discussions et des bolées de cidre, je me suis rendu compte qu'avec Chacha, nous avions nombre de choses en commun. Ça sentait les discussions agitées, à refaire le monde au milieu de nulle part sur un bateau. Quelques jours plus tard, Daniel Gras, mon cardiologue, m'a confirmé son soutien. Je n'avais jamais été aussi proche du départ. À Paris, j'étais pourtant loin de mon « *home spot* » de Carnac, Saint Colomban. Mais c'était pour la bonne cause : la communication, parler de mon défibrillateur, et expliquer qu'on pouvait vivre normalement en étant porteur. Parce que parfois, dire, c'est presque guérir. En tout cas, cela peut faire le plus grand bien. Passer mon message, celui que la vie continue avec un défibrillateur, a toujours été l'une de mes priorités.

Me voilà face aux micros des journalistes. Premier direct, je suis très intéressée par les coulisses. Je savoure chaque détail qui compose une émission. J'étais loin de me douter qu'il y avait autant de monde en régie et sur le plateau. Le résultat est tellement simple et limpide. Je n'ai pas vraiment le trac. Après tout, ce ne sont que des gens comme moi. Alors quand la technique m'indique de rentrer sur le plateau, j'obéis et vais m'asseoir sur le canapé. Après un petit jingle, toutes les lumières se posent sur moi. Une poignée de main et je réponds aux questions des journalistes.

À Paris, les contrastes sont parfois violents. Tout à l'heure, sur la ligne 7, j'ai pris place à bord d'une rame de métro où s'était assis un SDF. Ce pauvre homme était en train de se laisser mourir, pourrir, moisir. Ses chaussures en décomposition laissaient paraître une cheville anormalement gonflée et des orteils croûtés. L'odeur de la pourriture envahissait tout le wagon. Épuisé ou affamé, les deux peut-être, il dormait. Son pull était sali par le vomi, je suppose. Autour, certains faisaient mine de ne rien voir, d'autres se tenaient le nez avec leur écharpe. Ils avaient l'air embarrassés, mais sans plus. Moi j'avais envie de pleurer, tellement c'est triste de voir que notre système peut exclure à ce point certains individus. Pendant cette fin de journée, j'ai donné une pièce à chaque mendiant que j'ai vu. C'est trop dur d'accepter ça. Ce n'est pas grand-chose, peut-être une goutte d'eau dans l'océan de solitude qui règne à Paris, mais c'est toujours ça. Je me dis qu'une main tendue et un sourire, ça fait toujours du bien et ne coûte rien.

25 janvier

Plus que quelques jours avant le départ. Je n'en peux plus, je veux partir. Quelle joie de me savoir enfin proche du défi ! Aujourd'hui à Paris, demain à Dakar. Je suis tellement prise par le tourbillon des journalistes, que je n'ai même pas le temps de m'encombrer l'esprit avec des craintes quelconques par rapport à la date qui se rapproche. Pour le moment, je suis exténuée et j'ai hâte de rentrer en Bretagne, dans mon petit univers. J'ai besoin de me mettre dans ma bulle, de me ressourcer chez moi. Besoin de m'isoler avant de mobiliser toutes mes forces vers un seul objectif. Je vais avoir dix jours devant moi pour faire le plein de fruits et de légumes bio, de thalasso et de salle de musculation, de navigation avec les copains, de pause-café avec mes copines, de matinées et d'après-midi lecture, de derniers moments chez l'esthéticienne pour prendre soin de mon corps. J'ai envie et besoin de me faire du bien. Faire le marché dimanche prochain à Carnac. Discuter avec

« les vieux de Saint Co » sur le « mur de Saint Co », aller sillonner le sentier des douaniers avec mon vélo en passant devant les menhirs, mais aussi dans la forêt qui semble endormie à cette période de l'année.

À ce moment-là, j'espérais encore un moment de répit. Il n'est arrivé que quand j'ai quitté le rivage de Dakar et que je me suis retrouvée seule sur ma planche !

Avant d'affronter l'océan, j'ai besoin de faire le plein de campagne. Comme si je puisais ma force de la terre bretonne pour traverser l'océan Atlantique. La force est dans la nature, ce n'est pas nouveau ! En ville, comme ici à Paris, je me dévitalise. Comme une fleur qui perd ses pétales. Si je reste plus longtemps, je vais même en perdre mes cheveux.

Je pourrais être lassée de raconter toujours la même histoire. Mais j'ai aussi la chance de rencontrer des journalistes de haut vol, notamment à Radio France. Plus je parle de mon projet, plus il prend toute sa dimension à mes yeux.

Hier, le bateau a été mis à l'eau, il partira pour le Sénégal la semaine prochaine. Seule petite ombre au tableau, Luc, de la société STEF, m'a informée qu'il ne voulait plus traiter avec mon agent. Il me demande d'engager une assistante. À deux semaines du départ, c'est trop compliqué. Je préfère essayer de résoudre moi-même ce problème de communication.

27 janvier

Crevée, exténuée, fatiguée. Marre de Paris, marre des Parisiens, marre du stress, du gris, de la nonchalance, de l'impolitesse, de la méchanceté, de la violence. Ils sont tous fous, ces gens ! Retranchés derrière leurs peurs, ils agissent comme des trouillards. Je sais qu'ils ont des circonstances atténuantes, mais je n'en peux plus.

À écouter Luc, j'ai parfois l'impression d'avoir tout fait n'importe comment. Mais mince, j'ai fait de mon mieux, avec un maximum d'engagement et d'application. Tout me semble prêt, je suis prête. Lui peut-être pas... Cette fois c'est sûr, la guerre froide est bien déclenchée avec mon sponsor et mon agent.

Tout se bouscule... de l'énergie au professionnalisme...

Un des jalons principaux, le départ, approche à grands pas. Si l'on fait un bilan intermédiaire sur l'avancée du projet de Sarah, des points négatifs et positifs se dégagent (et ce sans aucun jugement de valeur !) :

— Le chef de projet, animateur, coordinateur, fédérateur n'est pas connu, ni nommé.

— L'équipe de Sarah ne semble pas être définitive et n'a pas été constituée, car aucune expérience commune n'a été mise en œuvre. On ne peut donc pas parler d'équipe, mais juste d'un groupe de personnes ou d'une juxtaposition d'expertises. Or une équipe ne se décrète pas, mais se construit étape par étape, en partageant des expériences.

— Le plan de communication du projet n'est pas formalisé et se déploie au fur et à mesure des rencontres et des opportunités.

— Des tensions naissent entre certains acteurs.

Cependant :

— Le porteur du projet, Sarah, semble prêt physiquement et mentalement.

— Des signes très positifs de la part des médias émergent. Il faut dire que Sarah est une excellente communicante.

Un projet, c'est du *hard* (l'organisation, le planning, le budget, l'analyse des risques, le pilotage) et du *soft* (les hommes, leurs relations, la communication, la gestion du stress, le marketing, la gestion des conflits, la négociation). Évidemment, on est très armé pour le *hard*,

→

→
un peu de méthode, quelques outils, de la rigueur et du bon sens, et le tour est joué. Le *soft*, c'est-à-dire la composante humaine, lui, est très différent : cela nécessite expérience, écoute, recul et parfois fermeté.

Quelques conseils

- Construisez le plan de communication global de votre projet en incluant toutes les actions de coordination, de prise de décision, de promotion interne et externe du projet.
- Faites une carte des partenaires de votre projet (les passifs, les grognons, les hésitants, les engagés, les opposants, les critiques constructifs) et croisez-la avec l'importance « technique » de chaque acteur dans le projet.
- Faites une analyse des risques humains du projet et envisagez des mesures préventives et curatives.
- Ne considérez pas que tout est gagné : évacuez les non-dits, clarifiez et reformulez les objectifs, répondez aux questions de votre équipe ; réglez les problèmes en amont, désamorcez les tensions ; supprimez les acteurs refusant d'entrer dans le cadre du projet (les objectifs) ou arrêtez le projet.
- Fêtez le passage de chaque jalon important.

COUACS DANS LA COMMUNICATION

J'étais en train de découvrir le fameux facteur humain. Celui qui fait que l'on réussit ou que l'on rate un projet. C'est à la fois extrêmement riche et compliqué. Mon agent me faisait régulièrement part de ses problèmes relationnels avec le directeur de la communication de chez STEF, qui lui-même nous reprochait d'être en retard dans notre planning, alors que ce n'était pas le cas. Peut-être fallait-il que je mette mon agent davantage face à ses responsabilités ? Je ne pouvais pas gérer en direct tous les petits problèmes.

J'avoue que là, j'atteins les sommets de la nervosité. Je suis tellement tendue que je fais exploser mes appareils électriques. Mon ordinateur affiche un écran bleu. La couleur de l'océan. C'est peut-être ça qu'il veut me dire. Casse-toi, barre-toi loin de tout ça. Va rejoindre ton univers. Et maintenant, mon téléphone qui affiche de grandes bandes noires sur l'écran…

Je crois beaucoup à l'énergie que l'on transmet aux appareils domestiques. Souvent, cela peut être révélateur de notre état physique et psychique. À ce stade de l'aventure, j'étais très énervée. Je découvrais l'importance du plan de communication que mes partenaires voulaient mettre en place. Occupée par plusieurs projets, je sentais bien que mes partenaires en attendaient encore plus en termes de retombées. Avec mon agence de communication à Paris, nous avions organisé un plan national, mais mes sponsors souhaitaient également de l'international. Je les comprenais, mais ce n'était pas prévu dans le budget de la traversée. Je saisissais leur logique d'entreprise, mais parfois, tout cela m'impressionnait un peu. Je découvrais une nouvelle dimension du monde de la communication. Exposée en première ligne, j'engrangeais les craintes de chacun. Mon agent, qui aurait dû jouer le rôle de bouclier, avait décidément beaucoup de mal à gérer les conflits et me renvoyait les problèmes. Il fallait vraiment que je me repose, sinon j'allais faire un *burn-out*.

4 février

Les jours défilent et le départ se rapproche. Tant mieux.

De retour à Carnac, je me sens beaucoup mieux. J'ai retrouvé mon petit village endormi, les commerçants sympathiques et la belle nature carnacoise. Quel bonheur de retrouver mes petites habitudes, la salle de la thalasso, les courses à pied et quasi pas de voiture dans les rues. Le pied, quoi !

Je trouve enfin le petit cocon dont j'avais besoin. Après quelques jours difficiles avec le directeur de la communication de chez STEF, l'ordre est enfin rétabli à bord du navire « STEF Windsurf Transatlantic ». Une chose assez curieuse est en train de se produire en ce moment, j'ai envie de créer. J'ai dépoussiéré ma boîte de peinture et je me remets à jouer du pinceau. J'aimerais savoir peindre assez bien pour pouvoir faire des carnets de voyage. Comme Titouan Lamazou a enchanté mes lectures. En ce moment, j'ai envie de peinture, de bougie, de musique, de jazz (Nina Simone), de cuisine, de discussions avec le commerçant du coin ou la mamie du rez-de-chaussée. Mais surtout d'être tranquille.

Je me sens sereine. Hier tracassée par la communication au sein de l'équipe, aujourd'hui tout semble revenu dans l'ordre. Tout va bien, j'attends patiemment que l'heure sonne. Je regarde les prévisions de vent à Dakar et me renseigne sur l'état d'avancement du bateau. En ce moment, dans la capitale sénégalaise, c'est la crise. Abdoulaye Wade, le président, ne veut pas quitter le pouvoir. Du coup, la jeunesse s'enflamme. Il y a tout de même eu des morts. J'espère que cela ne va pas gêner mon départ et que les Sénégalais auront enfin droit à des élections dignes de ce nom.

Je n'ai toujours pas fait mon sac. Je le ferai vers le 10. Je ne veux pas changer mes habitudes, c'est une formule qui gagne. En fait, je crois qu'avant ce départ, je profite un maximum du confort que nous procure la vie à terre. Je sais que bientôt je passerai mes journées en plein cagnard, la tronche recouverte de sel.

Trente jours... C'est vrai que je suis tout de même un peu dingue. Enfin, c'est possible, je vais le faire. En attendant, je profite du fromage, des crêpes bretonnes et du poêle qui réchauffe mon petit appartement. Les interviews avec les journalistes semblent s'atténuer, tant mieux, j'ai l'impression d'être un perroquet qui passe son temps à se répéter. Je ne suis absolument pas prête pour l'influx médiatique de la traversée. Enfin, on n'y est pas. Avant, il reste pas mal de milles à parcourir !

8 février

Neptune Car's est en escale à Madère. Le bateau avance convenablement, l'équipage va bien. Après une petite bricole hydraulique et un rapide avitaillement[1], ils vont mettre le cap sur Dakar. Je suis heureuse de voir qu'ils tiennent leur timing. Quant à moi, je regarde régulièrement les prévisions de vent pour le Sénégal. Et ça cartonne fortement, alors j'ai hâte, vraiment hâte d'être sur ma planche en plein Atlantique.

Le départ est un peu retardé. J'avais prévu d'être prête dès le début février. Finalement, nous quitterons la France le 18, puis le Sénégal le 22 février. Alléluia !

Je devrais être stressée, mais pour l'instant, je ne suis qu'excitée. Très beau week-end avec mon petit ami, je devrais le rejoindre samedi.

Demain, je suis dans Paris Match !

9 février

Hier j'ai mis du temps à trouver le sommeil. Il faut dire que le coup de fil de Luc Alphand m'a bien bousculée (c'est le parrain

1. Ce terme générique utilisé dans la marine désigne les vivres, le carburant, etc.

de la traversée). Luc a signé pour trois ans sur l'hydroptère et m'a annoncé que la DCNS[1] souhaitait embarquer une femme et un handicapé à bord. Depuis, j'y pense. Plus j'y pense, et plus je me dis que c'est un poste pour moi.

C'est une très belle opportunité, à laquelle je n'aurais jamais pu croire. Ce soir-là, j'ai rédigé la plus belle lettre de motivation que j'aie jamais faite, dans laquelle j'explique mon amour pour l'océan, l'aventure et la vitesse.

Ah, au fait ! C'est marrant de se voir dans Paris Match au kiosque !

10 février

Alors que la Bretagne subit des gelées et est même sous la neige ce matin, les mimosas viennent ajouter la seule touche de couleur à ce paysage blanc. Dans quelques jours, le jaune et le bleu seront les seules couleurs de ma traversée, en tout cas en majorité. Demain, je vais à Paris avec Denis le kiné, faire un dernier coucou à mon petit ami.

Quelle joie d'être enfin proche du départ ! Il ne faut pas trop que j'y pense, sinon ça va m'exciter et je ne pourrai plus dormir.

14 février

C'est la Saint Glinglin, wahou ! Moi je n'attends qu'une chose, rejoindre l'océan Atlantique.

Hier, j'ai rendu visite pour la première fois à un groupe d'enfants hospitalisés à Bullion, dans les Yvelines. Là-bas, tout m'a ramené à ma propre hospitalisation, de l'odeur du désinfectant au lino des douches, et même les pièces à vivre

1. Entreprise intervenant dans le domaine de l'armement naval et de l'énergie. Il conçoit et construit des navires armés, des systèmes de combat, des infrastructures portuaires, et assure le maintien en conditions opérationnelles des forces.

impersonnelles. C'est très touchant de voir ces enfants qui restent ici en moyenne six mois pour des brûlures, maladies, malformations. Pendant une heure, nous avons échangé sur le thème de la traversée. Une heure, c'est beaucoup pour des petits de dix ans. Je pense que mon aventure les intéresse. Je les appellerai à deux reprises pendant le défi et je reviendrai les voir à mon retour. J'avoue que cette visite m'a fait un choc. En sortant du centre hospitalier, j'ai eu quelques larmes pour ces enfants à qui la vie ne fait pas de cadeau. Heureusement à eux aussi, je l'espère, elle finira par sourire. Et elle leur sourit déjà, étant donné les visages illuminés que j'ai vus aujourd'hui. Le temps d'une traversée, je vais partager avec eux mes émotions par téléphone satellite. Ainsi, ils pourront me parler d'eux et me demander des informations sur mon quotidien en mer.

16 février

Les nuits sont de plus en plus courtes et mouvementées. Le départ se rapproche et ça se sent. J'ai hâte d'être en mer, là-bas je serai rassurée. Mes sacs sont ouverts dans le salon. C'est vrai qu'après réflexion, j'ai toujours du mal à faire mes sacs. Au dernier moment, il y en a toujours un d'ouvert, au cas où j'aurais oublié quelque chose.

Dernière journée à Carnac, il fait gris et humide. Quand je reviendrai, les fleurs du printemps seront là.

Finir mes sacs, faire deux ou trois bricoles, aller à la Poste, répondre à deux interviews, faire un point avec le pôle communication et après peut-être, musculation avec ma copine Angel, ensuite, si le cœur m'en dit, j'irai boire un jus au bar du coin.

En route pour le grand bleu.

DANS LES FLAMMES DE DAKAR

J'étais allée à Dakar en 2011 avec Pierre le photographe et Marco, un ami surfeur, pour réaliser un petit reportage photo pour les magazines. J'en avais également profité pour repérer les lieux et préparer le départ de la traversée. À l'époque, l'échéance me paraissait bien lointaine, comme un mirage qui s'évanouit ou s'éloigne quand on s'en approche. Et pourtant, j'étais bien de retour avec l'équipe de la STEF Windsurf Transatlantic au complet.

18 février

Nous voilà à Dakar après quelques soucis d'embarquement en raison du matériel de Pierre le photographe.

À l'arrivée, tous les souvenirs de l'an passé reviennent : même humidité, même salinité et du sable partout. Attention aux sacs ! Ici, on cherche du boulot et on est prêt à t'arracher ton bagage pour recevoir une pièce en échange du portage.

Après un voyage à travers la presqu'île, nous rejoignons l'Hôtel des Almadies en rénovation. En entrant dans ma chambre, je vois un cafard passer et l'odeur de renfermé me prend au nez. Derrière la piscine vide, j'invite notre photographe à aller voir la mer, celle sur laquelle nous avons surfé il y a un an.

Que d'émotion lorsque nous nous retrouvons face au phare qui scintille dans la nuit ! Le vent est bien là et dès l'atterrissage, il s'est fait sentir. Au-dessus de nos têtes, les palmes de cocotiers s'agitent. Dans la nuit noire d'une Afrique endormie, je m'émerveille devant cette scène dont j'ai tant rêvé. Pierre me fait une accolade amicale, l'émotion est palpable. Ça y est, j'ai gagné mon pari. Je suis de retour avec mon équipe, un bateau et tout mon matériel.

Je ne veux pas dormir seule et décide dès ce soir d'être proche de mon équipe. J'installe donc mes bagages dans la chambre de Denis. Comme j'ai mal aux genoux avec le voyage, il improvise une séance de kinésithérapie. Peu avant minuit, je m'endors.

Mais ce matin en me réveillant, je venais de faire un rêve. J'étais en Calédonie, je partais pour ma traversée, mais il n'y avait pas de vent. Équipée de ma grosse planche, je coulais. Les lieux se mélangeaient. Côte Blanche, Baie des Citrons avec des vagues. Les gens que j'avais côtoyés cette année se succédaient. Et puis j'abandonnais. Très triste et profondément déçue, je parlais alors à mon agent. Je réfléchissais et me rendais compte que si j'avais abdiqué, c'est parce qu'il n'y avait pas de vent. Alors je décidais de repartir.

En analysant ce rêve, une chose est sûre : la peur de l'échec est bien là. La peur du manque de vent aussi. Mais j'ai la force et la foi pour continuer.

Ce matin, deux rapaces font leur nid sous la fenêtre. Dehors avec Denis, nous découvrons le spectacle. Les petites barques de pêcheurs sont toutes alignées sous le vent du phare. Plus tard, dans la journée, ces marins iront vendre leur pêche à Ngor ou au port des pêcheurs au sud de la ville. Le vent souffle au nord nord-ouest. Aujourd'hui, nous allons rejoindre l'équipe navigante sur le bateau et tout préparer. Comme j'ai mon matériel, j'espère pouvoir naviguer. J - 6 au pire, - 4 au mieux, ça dépendra des derniers bricolages à réaliser sur le bateau.

19 février

« Le dimanche à... ♪ » Eh non ! Pas de mariage pour nous aujourd'hui, mais un rapprochement évident entre le bateau et la windsurfeuse. Neptune Car's va quitter son mouillage pour rejoindre Ngor. En revanche, il n'y a pas de vent ; il risque de mettre un moment.

Hier, découverte du bateau après avoir traversé tout Dakar

dans un taxi bien fatigué ! Ici, utiliser ce transport s'avère une expédition, les voitures noires et jaunes tombent toutes en morceaux.

Quel bonheur de retrouver le bateau, pour moi comme pour Chacha ! Le petit cercle nautique de Dakar est très accueillant. Des voiliers en attente de nouveaux départs y séjournent. Cette ambiance me ramène à mes souvenirs d'enfance : bibliothèque spontanée où des livres dans toutes les langues sont à échanger, tableau avec petites annonces de convoyage ou de vente.

Le Zodiac qui nous emmène au bateau est piloté par David. C'est lui qui, avec le second, a convoyé le bateau jusqu'ici. Il se prépare lui aussi à un grand défi. Dans quelques jours, il va traverser en catamaran de dix-huit pieds l'océan Atlantique. Un « fêlé » comme moi, peut-être même pire, puisqu'il n'aura pas d'assistance. C'est très riche de pouvoir partager nos expériences et émotions tous les deux. Par la suite, David me montrera le contenu de son sac et la seule photo plastifiée qu'il emmène, celle de sa femme et de son bébé.

Une fois à bord, Chacha embrasse son bateau. Moi, je revis. Quelle joie de vivre au son des clapotis des vagues ! Plus tard, sur le ponton, Kéru, le cameraman qui va filmer le départ, et Pierre le photographe arrivent. Je m'empresse de sauter dans le bateau pneumatique pour aller les chercher. Comme une gamine, je suis heureuse de retrouver mes bonnes vieilles habitudes, où enfant j'étais la reine de l'annexe.

Ensuite, vérification du bateau par le capitaine ; j'embarque une voile pour la ramener à l'hôtel afin de finir de coller des autocollants. Retour donc à l'Hôtel des Almadies après un passage au magasin spécialisé dans les articles de marine local, un petit boui-boui qui voulait me vendre des fusées de détresse datant de 2010 et 2001 (date de péremption dépassée).

Petit poisson grillé, dernier collage d'autocollants sur mes voiles sous l'œil attentif de Denis et puis balade jusqu'au supermarché local. Zut, j'ai oublié mon alfafa en France... La reine des graines germées va me manquer pendant ce long défi sportif. Impossible d'en trouver ici ! Tant pis. De l'eau et des bananes en poche, nous pouvons rentrer en taxi.

20 février

Hier soir, nous sommes rentrés « sous les flammes » de la jeunesse sénégalaise : sur la route principale, plusieurs barrages de pneus brûlés nous ont obligés à bifurquer dans les ruelles voisines. Les jeunes se défendent pour revendiquer leurs droits. Nous n'étions pas rassurés dans notre petit taxi, les choses peuvent vite dégénérer en Afrique et surtout, comme partout, avec ce genre d'émeute sociale. La route bloquée par les feux, nous avons dû zigzaguer dans les ruelles ensablées de Dakar, parfois à deux voitures : ça passait tout juste. Un véritable labyrinthe géant. Dans la nuit noire de Dakar, les brasiers étaient encore plus impressionnants.

Chacha n'a pas pu amener le bateau au mouillage[1] de Ngor hier. Il attend les pièces pour réparer la pompe à eau et le système hydraulique, si j'ai bien compris. Aujourd'hui, il va remonter le plus tôt possible. Le reste de l'équipe et moi-même attendons de voir ce que ça donne en ville. Mieux vaut éviter les déplacements avec tout ce bazar.

21 février

Pari tenu, cet après midi, nous partons ! Yihaa !

Il fait beau, le vent souffle, j'ai bien dormi, c'est « good ».

Après avoir attendu toute la journée à l'hôtel, mon équipe et

1. Lieu abrité du vent et des vagues le long de la côte où un bateau peut s'arrêter en toute sécurité en s'amarrant sur son ancre.

moi allons retrouver le bateau dans une heure à Ngor. Il sera trop tard pour partir, alors nous avons pris la décision il y a une heure de reporter le départ à demain matin. À 7 h 30, je serai sur la plage en train de gréer. Dès ce soir, nous embarquons tous à bord. Petite soirée tranquille, nous dînons sur l'île de Ngor.

La journée a été longue. Je suis prête depuis tôt ce matin, mais j'attendrai un peu plus longtemps, puisque c'est ainsi. La mer m'a bien attendue deux ans, elle ne va pas s'évaporer en une nuit. Demain, après une journée de navigation, je serai loin des côtes.

On vérifie que l'on a bien tout à bord. J'ai oublié mon aimant qui permet de neutraliser mon défibrillateur si la sonde casse. C'est dire à quel point je ne me stresse pas avec mon « def' ». Un contact local va aller me chercher ça dans une casse automobile ; l'aimant d'une enceinte pourrait bien faire l'affaire.

Ce soir, je m'endors dans ma cabine. Demain, départ 8 h 10. La météo prévoit quinze à vingt nœuds. David a quitté le bord en fin de journée, après avoir convoyé le bateau jusqu'à ce mouillage de Ngor. Une accolade franche a accompagné notre « bon vent ». Dans trois jours, il passera peut-être à côté de moi avec son petit catamaran.

De la préparation au pilotage...

Rappelons les trois grandes phases d'un projet : la préparation, le pilotage et le bilan. Ici, on passe en « mode pilotage ». Il est intéressant de noter — et ce n'est pas anodin — que c'est le moment où :

— Il est encore possible de décider de tout arrêter, ce qui est préférable parfois et que ne font pas assez les entreprises (30 % des projets devraient être arrêtés en phase de pilotage).

— Il faut organiser une réunion de lancement qui permette à la fois →

Je pose avec la réplique de mon défibrillateur.

L'enfance idyllique : vivre d'amour, de noix de coco fraîches et de pêche !

Le navire *Gamin 3* était notre maison flottante.

Lors des championnats du Monde 2006, je m'apprête à vivre l'un des plus beaux moments de ma vie.

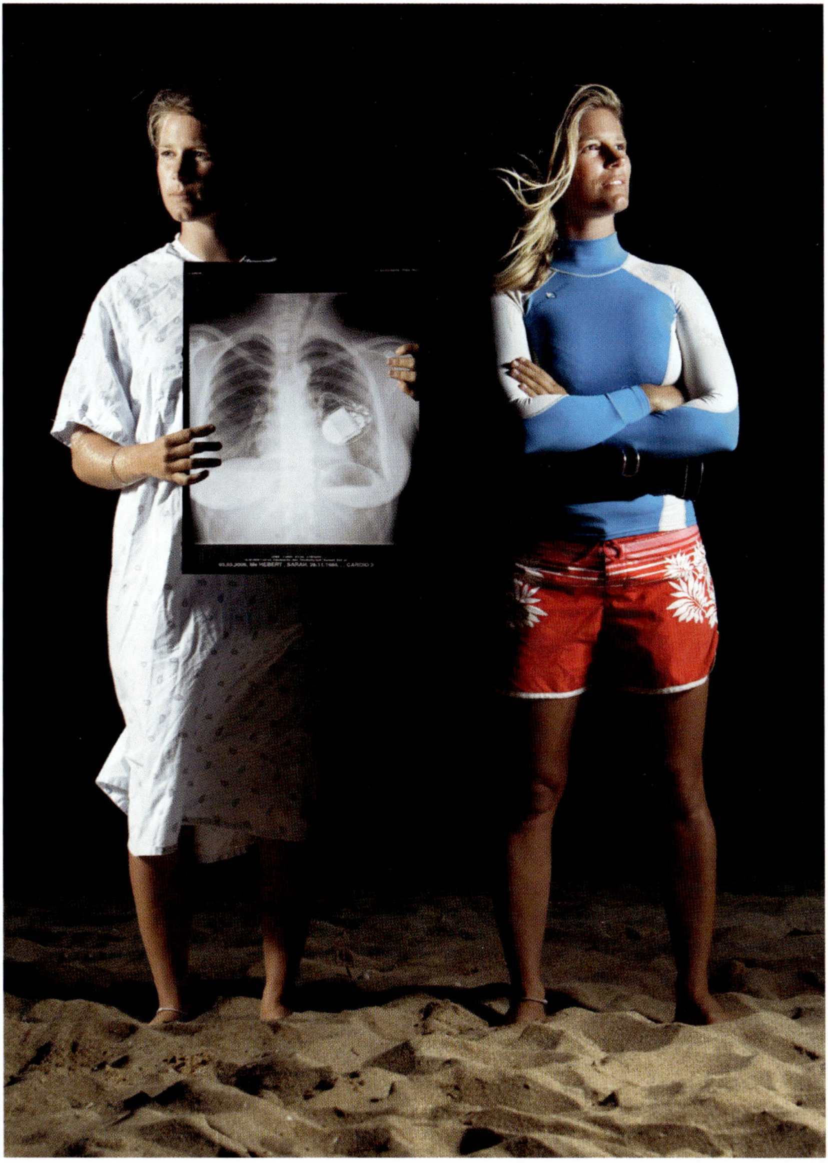

Un an plus tard, en 2009, je pose avec la radio de mon torse, à Ho'okipa sur l'île de Maui dans l'archipel d'Hawaï.

Mon implantation a été faite ; je regarde l'avenir.

PWA World Windsurfing Tour,
Championnat du Monde 2010 à Fuerteventura.

À Carnac, en baie de Quiberon, j'ai trouvé une des plus belles terres d'adoption où je peux tout à loisir laisser libre cours à ma passion du large.

L'aventure continue
dans la baie de Quiberon.

Je cours pour la Charity Run organisée au profit de l'APODEC (association des porteurs de défibrillateurs français) à l'occasion du CARDIOSTIM à Nice.

Je clame ma joie pendant une épreuve
de la Coupe du Monde de slalom, en Turquie en 2010.

Beb Boosie, le plus aventurier des windsurfers locaux, a accepté mon invitation et m'a accompagnée lors de ma première traversée en planche, en juillet 2011. Le parcours a débuté au Motu Martin, sur l'île de Tahiti, et s'est arrêté à Raiatea, une des îles Sous-le-Vent.

Je reste sereine face à la concurrence lors de la Coupe du Monde de windsurf 2009.

Nous nous concentrons sur les derniers préparatifs, à Dakar, avant le grand départ pour l'Atlantique.

Le matin, en pleine mer, pendant que mon équipe finit de monter ma voile, je me concentre et me prépare aux conditions difficiles de l'océan.

Malgré la difficulté, c'est toujours en mer et sur ma planche que je me sens le mieux.

Tant que mes pieds seront dans l'eau, mes yeux resteront dans les étoiles.

À Carnac, comme une bernique sur son rocher,
le regard tourné vers l'horizon, je garde le cap du bonheur.

→

de marquer le passage d'une étape à un autre, et de rappeler à tous les objectifs, les moyens, le déroulé du projet afin que tout le monde ait le même niveau d'information.

— Les acteurs vont pouvoir visualiser et vivre la « fabrication » de ce qui a été prévu.

Ce passage « dans la vraie vie » est loin d'être anodin, car on va commencer à mobiliser les ressources beaucoup plus fortement et l'arrêt du projet en pleine phase de pilotage est beaucoup plus traumatisant que lors de la préparation. C'est aussi un moment stressant, car même si on a bien préparé, il reste toujours de petits détails à régler. Ces derniers peuvent engendrer des catastrophes lorsque la machine est lancée.

Quelques conseils

- Dès le début de la phase de préparation, annoncez que le projet peut s'arrêter et que cela ne sera pas un échec si cela se produit pendant cette phase.
- N'oubliez pas de communiquer tous les documents du projet (planning notamment) à tous les acteurs afin de les impliquer et leur donner à tous le même niveau d'information.
- Méfiez-vous des « on s'est compris » : reformulez si nécessaire afin de bien valider le degré de compréhension de chacun.
- Rassurez certains acteurs si nécessaire et accordez-vous un petit espace de décompression (pas trop grand, on n'a pas dit relâchement...).
- Ne négligez pas les check-lists de « reste à faire » qui permettent d'éviter de s'encombrer la mémoire et de se stresser.

LE GRAND DÉPART

22 février

Oh, ça y est ! J'ai la boule au ventre. J'ai super bien dormi, je suis heureuse d'être dans un bateau. Mais là ça y est, je ne peux pas faire marche arrière. À 8 heures, je partirai. Ahhhh ! J'imagine qu'en milieu de journée, je me sentirai mieux. Mais pour l'instant, j'ai un sacré trac. Allez, c'est parti pour une extraordinaire aventure avec ma planche, Neptune Car's, mon équipe et tous ceux qui me soutiennent.

Sur la plage, les journalistes m'attendaient. Omar, mon ami surfeur, était là avec quelques copains. Après deux ou trois poignées de main, je me suis mise à gréer. Ce rituel que j'exécute depuis des années avant d'entrer dans l'action a toujours le même effet curatif sur mon stress. Les mêmes gestes, les mêmes repères me font oublier l'importance du moment. Tout était prêt : je me suis mise à l'eau après avoir dit au revoir à tout le monde. L'ex-champion du Sénégal de planche à voile, était même là pour me soutenir. J'ai mis le cap à l'ouest. J'attendais patiemment mon bateau dans la passe. À ma droite, les vagues déferlaient, dessus, les surfeurs s'éclataient. Et dire que j'étais sur cette vague l'année précédente ! Une fois les images du départ dans la boîte du cameraman, Kéru m'a lancé un chaleureux « *À bientôt !* » avant de rentrer à terre. J'étais à présent seule, accompagnée par mon bateau, en direction du large. Après avoir vu une tortue, je me suis retournée pour constater que l'Afrique disparaissait dans une épaisse brume. Un tanker patientait à ma droite, il était au mouillage. Je me suis tournée de nouveau : cette fois, j'étais bien au large, la terre avait disparu de l'horizon. Seules quelques bouteilles et des bouts de polystyrène trahissaient la présence d'une terre proche.

Premier vomi de stress : ça, c'est fait ! Belle journée, la pression s'envole. Soixante-quinze milles parcourus en six heures trente de navigation. Je vais bien, un peu tracassée par la veille à venir cette nuit. Chacha cherche comment positionner son bateau pour qu'il subisse le moins possible le fracas des vagues... Je suis un peu embêtée pour ce marin qui a l'habitude de laisser filer son bateau. Là, il est obligé de le ralentir pour ne pas s'éloigner de la zone où il m'a récupérée, puisque demain il me redéposera au même endroit. À chacun sa mission.

Ce soir, une hirondelle dort avec nous. Je me sens un peu comme elle, blottie dans cette coque qui se fait chahuter par les vagues. J'ai mal à l'œil gauche, l'eau salée et le soleil commencent leur travail d'irritation.

À ce stade de l'expédition, il faut que je vous explique dans les détails le protocole de cette traversée. Comme vous le savez, mon objectif est de traverser l'Atlantique en planche de série de *funboard*. Le matériel que j'utilise est disponible à l'achat dans les magasins de planche à voile du monde entier. C'est cette notion d'accessibilité qui me semblait primordiale, le souhait de ne pas modifier la nature de mon sport et d'utiliser la planche de « Monsieur Tout-le-monde » Ce matériel allait me permettre de vivre ces instants d'intensité absolue. Le parcours a débuté à Dakar au Sénégal et s'achèverait à Saint François, en Guadeloupe. Ma planche à voile étant de taille réduite, je ne pouvais dormir à bord et n'avais pas suffisamment de place pour emmener des vivres pour un mois. C'est pour cette raison que j'étais suivie par un bateau. Tous les soirs, je me suis arrêtée après six à huit heures de navigation, avant de remonter sur le catamaran. Le capitaine prenait soin de noter le point GPS de mon arrêt. Le lendemain, l'équipe me déposait au même endroit. Je passais donc toute la journée sur ma planche et la nuit sur le bateau. Jour après jour, au fil des points GPS, mon trajet se dessinait.

Première journée et premier exploit sportif...

Faire cent cinquante kilomètres sur une planche de série est en soi un exploit, surtout en plein milieu de l'Atlantique. Ce qui peut sembler « normal » à Sarah ne l'est pas du tout pour le commun des mortels, d'autant plus que l'opération se répète des jours durant. Un autre élément est à prendre en compte pour ceux qui ne naviguent pas en bateau à voile : les temps de repos. Il est impossible de se reposer correctement dans un bateau comme dans un vrai lit, stable. Et même si Sarah a vécu toute son enfance sur un bateau, le cumul des heures de navigation sportive avec des nuits agitées rend le challenge encore plus difficile.

La formulation par Sarah du but principal de son projet lui permet de se recentrer et finalement de voir si le projet va être une réussite ou non. Sarah le formule ainsi :

— But : traverser l'Atlantique sur une planche à voile de série. Ce but est décliné en objectifs de qualité ayant chacun des critères de performance.

— Objectifs de qualité :

- avec une assistance (performance : sous la forme d'un bateau accompagnateur à voile) ;
- en réalisant la totalité de la distance en planche (performance : uniquement à la force du vent, et entre le Sénégal et la Guadeloupe).

La détermination des objectifs de qualité, consignés dans un cahier des charges, permettra de mesurer la réussite d'un projet. Néanmoins, tout au long de la description de la phase de préparation, Sarah a fait part d'objectifs complémentaires (ou en tout cas exprimés comme tels...) :

- se retrouver seule au milieu de l'Atlantique ;
- barrer un magnifique catamaran ;
- communiquer au mieux avec ses financeurs ;
- réaliser un projet le plus écologique possible...

Quelques conseils

- Listez de manière exhaustive tous les objectifs complémentaires lors de la phase de préparation.
- Hiérarchisez les objectifs complémentaires.
- Vérifiez qu'ils ne sont pas les vrais objectifs du projet.
- Vérifiez qu'ils ne sont pas contradictoires avec les objectifs du projet.
- Vérifiez que vous avez mis dans le projet les moyens (ressources, temps) nécessaires pour les atteindre.

CHAPITRE 5

POUR UNE HISTOIRE DE FERMETURE ÉCLAIR…

24 février

Nous sommes en route vers le Cap Vert.

Hier, au bout d'une heure et demie, j'ai voulu faire un changement de voile, car celle-ci était trop grande pour la force du vent. Au moment de l'abordage, j'attache ma planche en premier au bout de remorquage. Sous la précipitation, j'ai fait une erreur qui me met immédiatement dans une position dangereuse. Tractée par la voile, je fais un tour autour de la planche et n'arrive plus à me défaire de mon leash[1].

Finalement, Pierre y arrive et c'est à ce moment-là que Denis voit quelque chose sortir de mon sac. Dans une mer agitée, l'action est rapide et dangereuse.

Mon GPS, mon téléphone satellite et une fusée parachute manquent au contenu de mon sac, quand je le vérifie une fois à bord. Le ton est donné. J'ai bien un GPS en double, mais pas de téléphone satellite. Sans cet appareil, je ne peux continuer l'aventure.

Pour communiquer, j'avais différents outils. D'abord ma VHF, qui me permettait de communiquer avec tout navire ou avion dans

1. Le *leash* (« laisse » en anglais) est un accessoire utilisé en sport de glisse pour relier le sportif à sa planche afin qu'il récupère cette dernière plus facilement après une chute.

un périmètre de quelques milles ; à une distance plus grande, je devais utiliser mon téléphone satellite, qui, comme son nom l'indique, ne passe pas par des fréquences radio, mais par des satellites. Avec ce téléphone, je pouvais joindre n'importe qui et surtout n'importe où dans le monde. Sans cet appareil, si je sortais de la zone de couverture de la VHF, ou si cette dernière était défaillante, je n'avais plus aucun moyen de communication. J'avais bien un GPS de rechange, qui me permettait de donner ma localisation sur Internet, mais c'était tout. Il était donc impossible de communiquer.

> *Après de longues minutes à quadriller la zone, on a fini par repêcher le GPS, mais malgré la précision des manœuvres de Chacha, nous ne retrouvons pas le téléphone satellite. Ce qui nous oblige à stopper net la traversée.*

Ce jour-là, l'ambiance était plombée. Tout le monde était sur le pont. Chacun a scruté la surface de l'eau pendant de longues minutes, en vain. C'était déjà miraculeux que l'on ait pu retrouver le GPS flottant grâce à sa poche étanche. Chercher un si petit objet dans un océan de vagues, c'est réellement comme chercher une aiguille dans une botte de foin ! Mon cerveau bouillonnait, je voyais toute la préparation du défi défiler sous mes yeux, comme si mon projet allait mourir. Non, non ce n'était pas possible ! L'histoire ne pouvait pas s'arrêter comme ça…

Dans les yeux de mon capitaine, je pouvais lire non seulement l'agacement, mais aussi la peur. Tristes marqueurs d'expériences passées… Je l'imaginais en train de chercher des vies. Comme il l'a sous-entendu dans une remarque, ce n'était que du matériel. Plus tard, cette même journée, il m'a avoué avoir cherché jadis un marin de la même manière, sans jamais l'avoir retrouvé. Comme moi, Chacha est canotier à la SNSM. Des accidents, il en a connu. Heureusement, ce jour-là, il n'y avait pas de perte humaine, juste matérielle.

Néanmoins, l'humeur n'était pas vraiment joyeuse. À la demande du capitaine, nous nous sommes tous réunis dans le carré pour faire le point. Chacha, qui n'a pour habitude de mâcher ses mots, m'a fait une bonne leçon de morale. J'en ai pris pour mon grade. Je me demandais encore comment ce sac que j'utilisais depuis deux ans avait bien pu s'ouvrir... Satanée fermeture Éclair. Cela s'était certainement produit en frottant contre ma voile. J'avais fait une fâcheuse impasse sur un téléphone satellite de rechange. Cette partie du projet avait été déléguée à un subordonné ; c'était une économie mal placée. Ça m'apprendrait... Enfin, le mal était fait, inutile de se morfondre pendant des heures ou de se faire hara-kiri. Il fallait agir. Retourner à Dakar serait difficile moralement, de plus nous ne connaissions aucune boutique qui pourrait nous dépanner là-bas. C'est donc vers le Cap Vert que nos regards se sont portés. Mon petit ami nous y rejoindrait avec deux téléphones satellite et mon aimant !

Nous sommes donc au près[1], direction l'île de Sal, où mon ami arrive ce soir avec deux téléphones satellite et une VHF. Ce matin, ça va mieux, mais j'avoue avoir eu du mal à avaler le morceau. Choquée.

Cette nuit, un appel de détresse provenant d'un bateau qui présentait une voie d'eau est venu troubler mon sommeil. Immédiatement, je repère Chacha qui sort son stylo pour noter les coordonnées des points GPS. Le message est faible, mais la voie est alarmée, seul sur son bateau, quelque part entre l'Afrique et le Cap Vert, un navire sombre.

Dehors, il y a trente nœuds de vent et une mer formée. Le

1. Lorsque le vent souffle de face — et c'est prouvé scientifiquement —, il est impossible d'utiliser sa force pour avancer. Le navigateur va donc ouvrir un angle, le plus petit possible entre la direction d'où vient le vent et celle où il va tenter d'aller pour faire le moins de chemin possible. En virant régulièrement de bord, il va parvenir à « remonter » le vent, en faisant du près. Une allure douloureuse pour l'estomac et pour le reste, car en général, le bateau gîte et cela « tape » dur.

bateau joue à saute-mouton sur les vagues, il n'en fallait pas plus pour ajouter du stress et des doutes à la situation.

Je pense à tout. L'hydroptère, ce n'est peut-être pas pour moi ? Cette traversée s'avère plus compliquée que prévu. Tout y passe, mon cerveau cogite.

Le vent est fort, mais c'est surtout la houle formée et parsemée de clapots géants qui complique ma tâche. En plus, il faut que j'abatte, mais c'est très compliqué dans ces conditions. Dommage que la traversée ne se fasse pas en bâbord, de ce côté-là je serais dans le sens des vagues et ce serait beaucoup mieux. En effet, pour l'instant sur ce trajet entre Dakar et le Cap Vert, les vagues ne me poussent pas dans la bonne direction. Quand je suis sur l'autre bord, en bâbord, elles me poussent et accélèrent ainsi ma progression. D'après mes recherches, après le Cap Vert, la houle devrait s'orienter d'avantage à l'est et me permettre d'avancer plus facilement dans la bonne direction.

Bref, cette nuit je n'ai pas trop dormi. Le vent est impressionnant de l'intérieur, et la mer encore plus grosse derrière mon hublot. Les parois de ma cabine craquent, et le vérin hydraulique du pilote fait un bruit aigu qui me réveille souvent. Sur ma planche, ce serait un peu moins spectaculaire avec ces bruits parasites en moins. Je dois continuer et vaincre ma peur, avec une voile et une planche plus petite. Je suis contente de revoir bientôt mon petit ami.

Arrivée au mouillage de la Palmeira à Sal, Cap Vert, le vendredi. Il n'y a plus qu'à attendre l'arrivée de mon petit ami, prévue cette nuit vers 1 heure. Aux abords de cet archipel, le vent s'est considérablement renforcé. Nous sommes passés tout près de la fameuse plage où surfeurs et planchistes se régalent grâce à la vague mythique de Ponta Preta. Le contraste est fort entre ce lieu de vacances où les immenses hôtels sont visibles de la mer, et notre embarcation « camp de vie » pour une expédition sportive où le confort n'a pas sa place.

Risques et projet...

En conduite de projet, on fait la différence entre un risque (ce qui peut être identifiable en amont d'un projet) et un aléa (un événement non identifiable qui survient lors du déroulement du projet). Alors, la fermeture Éclair, risque ou aléa ? Nous sommes clairement dans le domaine de l'aléa et il aurait été impossible que Sarah imagine tous les scénarios techniques et mette en place des parades pour toutes les situations envisageables. La seule analyse de ces éléments aurait pris des années et le projet ne se serait certainement jamais réalisé. L'essence même de la conduite d'un projet, c'est de faire la part des choses entre ce qui peut être préparé, organisé, imaginé, anticipé et ce qui ne doit pas l'être parce qu'il serait impossible de le lister ; cela aurait même pour effet au final de décourager les acteurs du projet !

Ce dosage dépend directement des risques (au sens vital du mot) et des enjeux (par exemple financiers) de l'entreprise ou de l'individu. Ainsi, si les enjeux sont très forts et le risque maximal, la préparation devra être renforcée et constituer une part très importante du projet, à la fois en termes de durée et de coûts. Dépenser de 10 à 30 % du coût total du projet en préparation n'est pas inutile. Dans le cas de Sarah, l'absence de réel chef de projet, en particulier dans la phase de préparation, a eu une incidence sur l'analyse des risques techniques, notamment au niveau matériel. Or cette analyse aurait peut-être conduit (sous réserve qu'elle ait été menée avec méthode et formalisée par écrit) à prévoir deux téléphones satellite dès le départ de la traversée.

Quant au risque humain, il est nécessaire que chacun prenne ses propres responsabilités. Sinon, il est probable que beaucoup d'exploits n'auraient pas lieu et que la vie serait bien triste. Le principe de précaution est un frein à l'innovation. On voit les conséquences du refus de la Fédération française de voile d'« assurer » Sarah, qui est obligée de courir sous les couleurs de l'Arménie... Le dosage risque-projet est déterminant dans notre capacité à innover, à inventer, et à nous dépasser.

Quelques conseils

- Essayez de lister tous les risques, mais pas de les « couvrir » ou « assurer » tous.
- Déterminez une zone de temps pour la préparation, mais fixez-vous un jalon pour passer à la réalisation.
- Acceptez des zones de risques, mais capitalisez en échangeant avec d'autres acteurs ayant expérimenté des projets similaires.
- Provisionnez les ressources nécessaires (humaines, financières et matérielles) pour mettre en œuvre les mesures curatives des risques qui sont devenus réalité.

CHAPITRE 6

LE CAP DE LA PEUR

Je suis arrivée au Cap Vert dans un état de peur assez avancé.

Revoir mon petit ami serait très bénéfique.

Avec du recul, je me rends compte aujourd'hui à quel point tout aurait pu s'arrêter ce jour-là, sur cette plage de sable noir. Ici, j'allais passer le cap de la peur. Paralysante. C'était l'une des plus grandes peurs de ma vie.

Il me restait à définir la cause de ce trac provoqué par plusieurs facteurs. Perdre ce téléphone satellite nous avait encore plus fait prendre conscience, à mon capitaine et à moi, du risque que je prenais là-bas en mer, seule sur ma planche. Je risquais bel et bien ma vie. J'étais seule. Si le bateau me perdait de vue et que je ne pouvais pas les contacter, ils seraient incapables de savoir quoi que ce soit. Ma sécurité dépendait donc principalement de ma capacité à communiquer. Il y a une énorme différence entre savoir et expérience. Je savais, tout comme Chacha, que les circonstances seraient les suivantes. Une sportive loin de son bateau accompagnateur, un bateau-balai, une base flottante. Mais le vivre et le voir, c'est encore différent. Je m'en voulais terriblement d'avoir perdu ce téléphone et de n'en avoir pas eu de rechange. J'avais peur d'avoir perdu la confiance de mon capitaine et je sentais que cet incident avait jeté un voile de doute sur l'équipe. J'avais peur d'avoir pris un coup au moral et perdu un peu confiance en moi. Après m'être ressourcée et reposée il faudrait que je remotive les troupes. Mais avant cela, je devais à tout prix me regonfler, car j'étais vraiment très fragilisée par ce qui s'était passé.

C'est dans un port de pêche assombri par la nuit noire que je cherchais mon petit ami. Il avait pourtant dû arriver depuis une heure, mais je n'arrivais pas à le voir sur la jetée. Les quatre lampadaires occultaient de grandes zones d'ombre impénétrables pour mes yeux. Mon cœur battait, j'avais peur de le rater. Il fallait absolument qu'il nous retrouve, sinon nous ne pourrions pas repartir. Son téléphone ne répondait pas. La nuit était fraîche avec le vent, qui s'était tout de même affaibli par rapport à la journée.

Enfin, je l'ai entendu siffler. Il se tenait debout près du petit cargo à quai. C'est dans le vrombissement du moteur de l'annexe que je me suis approchée de celui qui m'apportait l'objet de mes tracas, en plus d'un réconfort certain. Et c'est une Sarah en larmes qui a retrouvé ce jeune homme sauveur d'un jour. Mes mots étaient alarmants. En sanglots, la main tremblante sur le manche du moteur hors-bord, je lui disais : « *Je n'y arriverai pas... C'est trop dur... J'ai peur.* »

Il a tenté de me rassurer et m'a serrée dans ses bras. Ses mots me faisaient du bien. Assis sur le trampoline du bateau pendant une heure, il m'a ramenée à qui je suis, à ce que je voulais. Et surtout, il m'a aidée à verbaliser mes peurs. Nous comptions repartir le lendemain, mais finalement, il m'a rappelé, justement, que rien ne pressait et que je pouvais prendre le temps de la réflexion et surtout du repos. Nous étions tous secoués par un départ sur les chapeaux de roues et une acclimatation au milieu marin un peu houleuse pour certains, malmenés par les vagues dès le début.

Le lendemain, après avoir annoncé le programme à l'équipe, nous avons décidé d'aller à terre mon ami et moi. Là a commencé une longue analyse, qui petit à petit m'a permis de reprendre confiance en moi. Les mots du capitaine ne m'avaient pas laissée indemne, il ne m'avait pas épargnée, et ce n'était rien par rapport à la dureté de mon propre jugement. On est souvent son plus terrible juge. Je n'arrivais pas à accepter ce qui s'était passé, je ne pouvais me le pardonner.

C'est fou comme on se sent parfois obligé d'être son propre bourreau, comme si les conséquences de nos actions ne suffisaient pas ! Non, il faut se punir encore plus. Un tout petit détail était venu jeter le doute dans mon océan psychique. En discutant, j'ai pris petit à petit conscience que je n'avais pas peur des vagues, de la mer, du vent, ni d'être perdue. Non, j'avais peur de ne pas y arriver. Peur de l'échec. Peur de ne pas remplir mon contrat, de décevoir mes sponsors, mes supporters. Peur de m'être lancée dans un trop grand défi. Pourtant, je n'avais pas de crainte face à cet océan qui me tendait les bras. Bien au contraire, j'aurais été terriblement triste de devoir m'arrêter là sans pouvoir continuer mes journées de glisse sur l'océan Atlantique. Mais voilà, je pensais au résultat final. Comme si par exemple en Coupe du monde, je décidais de ne pas y retourner, non parce que j'étais blessée, ou impressionnée par les conditions, mais juste parce que j'avais peur de ne pas gagner, de ne pas monter sur le podium. Avec cet incident, c'était comme si j'avais effacé tout ce qui me motivait dans cette traversée. Je m'éloignais de qui je suis, je rayais mes envies, ce qui me passionne. Tout cela s'était envolé à cause d'une histoire de confiance en soi.

Belle expérience, que celle du Cap Vert, où, engloutie par la peur, j'aurais pu anéantir tout mon projet. N'oubliez jamais ce qui vous motive. J'étais là pour naviguer seule au milieu de l'océan sur ma planche à voile, pour vivre en harmonie avec ce milieu naturel qui avait bercé les premières années de ma vie, là, avec la force de mes bras et la passion qui m'anime, pour communiquer mon message « Avec du cœur, tout est possible ».

Peu importe où j'arriverai, le but n'est pas le point que l'on veut atteindre, mais le chemin que l'on parcourt pour l'atteindre. Ce que je vivais là était aussi précieux que mon arrivée. En plus, je le sais, depuis toujours, ma recette pour remporter des victoires ne consiste pas à me focaliser sur l'image du podium, mais à être proche de mes sensations, à me faire plaisir et simplement faire ce que je sais faire le mieux : naviguer. Dure journée pour le cerveau d'une blonde !

Mes larmes ont fini par sécher. Le menton relevé et le regard vers le large, j'ai retrouvé le bleu d'un ciel d'alizé. L'erreur est humaine. J'avais accepté d'avoir failli, d'avoir fait un oubli qui ne remettait pas en cause mes capacités à relever le défi que je m'étais lancé. À présent, je regardais en face mes craintes et je leur disais d'aller jouer ailleurs, car il n'y avait pas de place pour l'*ego*. C'était le rendez-vous de ma jeune vie qui m'attendait. Celui d'une enfant de la mer qui avait hâte de continuer à vivre ce voyage privilégié. Avec pour moteur l'amour et la passion d'un élément unique, l'océan, rien ne m'arrêterait. Et si je devais m'arrêter, pour blessure, à cause d'une panne ou d'un problème technique, c'est que le destin en aurait décidé ainsi. Mais pour le moment, mon chemin se poursuivait.

De retour à bord de Neptune Car's, l'équipe semblait rassurée de retrouver mon visage serein. Je les ai informés que le départ était bien confirmé pour le lendemain matin. Le soir, je ramènerais mon petit ami à terre pour qu'il prenne son avion. Mais avant cela, Chacha nous avait invités à goûter un plat qui, comme à son habitude, nous a fait tous pleurer tellement il était épicé ! L'équipe semblait reposée, chacun avait profité de son temps libre pour vaquer à ses occupations. « P'ti Pierre », le second, avait fait du kitesurf dans cette jolie baie bordée de vagues. Quant à Pierre le photographe, il avait pris quelques photos la tête dans l'eau, tandis que Denis avait mis ses palmes et son masque sur le nez pour découvrir les fonds marins. Nous avons tous profité de cette pause pour laver notre linge sale.

L'ambiance était relâchée. Le soir, on a ri et mangé avec appétit. Après avoir ramené mon petit ami à terre, je me suis endormie profondément. J'ai passé l'une des nuits les plus récupératrices depuis le départ.

La question du pourquoi : la motivation

L'introspection de Sarah, même si elle a été accompagnée (soutenue), est intéressante car elle démontre la force morale nécessaire pour rebondir et repartir dans un temps très court. Une personne « ordinaire » aurait certainement eu besoin de plusieurs jours pour se remettre à flot et relancer le projet.

Au passage, la recherche des facteurs de motivation (naviguer au milieu de l'océan) nous ramène au véritable but du projet... Dommage encore une fois que ce but ait été formalisé très tard dans le projet ! Ce dernier aurait peut-être été différent si cela avait été fait plus tôt.

Néanmoins, il manque un ingrédient important dans la « recette » et dans l'analyse de Sarah... *Quid* de l'équipe qui réalise le projet avec elle ? A-t-elle pensé aux facteurs de motivation des personnes qui l'entourent ? A-t-elle réfléchi à l'impact réel de l'incident de la perte du téléphone satellite ? Les considère-t-elle comme de simples « sous-traitants » à la remorque de ses propres ambitions ? Cette vue des choses, un peu provocatrice, montre à quel point le facteur humain est déterminant. Il est certain qu'un chef de projet aux côtés de Sarah aurait pu se préoccuper du bien-être de l'équipe (au sens du « *team building* ») afin que Sarah puisse se concentrer sur ses propres objectifs personnels et sportifs. Je n'ai pas assez fréquenté de sportifs de haut niveau pour en déduire que ce besoin de reconnaissance, ce côté narcissique, est un moteur puissant pour se dépasser et réaliser ce qu'aucun autre n'oserait faire. L'exception entraîne-t-elle d'une certaine manière l'exclusion ?

En entreprise, il est réellement très imprudent de viser uniquement des objectifs personnels. L'entreprise est une entité morale qui doit « survivre » à ses occupants. La pérennité et la récurrence sont bien différentes du mode projet, car il s'agit de tenir la distance. Il faudra donc, même si l'on mène des projets ambitieux, penser à l'après-projet. Dans un exploit sportif unique, on peut pratiquer, un peu, la politique de la « terre brûlée » avec les acteurs du projet et penser que l'on en trouvera d'autres pour un autre projet. Ainsi, le

→

sportif va-t-il « utiliser » les opportunités de rencontre ; centré sur lui-même et ses propres objectifs, il va tracer sa route et poursuivre ses objectifs, accompagné dans des temps plus ou moins longs sur son chemin. Mais nul doute que son *ego* écarte parfois du chemin ceux qui ne pensent plus comme lui ou ne sont pas à la hauteur des objectifs.

Bien au contraire, le chef d'entreprise doit raisonner de projet en projet en termes de pérennité. Ainsi, au-delà du projet mené, la « vision stratégique » et la mobilisation des ressources autour de cette vision détermineront la réussite et la pérennité de l'entreprise.

Quelques conseils

- Profitez des événements marquants pour faire un bilan intermédiaire du projet.
- Dans ce bilan, ne négligez pas le facteur humain et donnez à chacun la possibilité de faire sa propre introspection, ainsi que de « vider son sac ».
- Réfléchissez encore et encore aux objectifs du projet et vérifiez si l'objectif est individuel ou collectif.
- Si vous ne vous sentez pas de construire et « maintenir » l'esprit d'équipe, déléguez cette fonction.
- Essayez de mettre en phase vos objectifs personnels avec vos objectifs professionnels.

CHAPITRE 7

EN PLEIN ATLANTIQUE

DÉPART DU CAP VERT

En partant de Sal ce matin, j'ai tourné une des plus belles pages du défi. J'y ai laissé toute ma pression, la peur s'est évanouie et j'ai affronté mes démons. Comme un rite initiatique, cette escale m'a beaucoup appris sur moi-même.

26 février

La pause au Cap Vert nous a tous fait du bien. Voir mon petit ami, c'était un vrai bol d'air. Ce matin, direction l'île de Santo Antão, un peu moins de cent milles à parcourir. Je me sens mieux, je laisse ici quelques kilos de pression. Ce serait bien si l'on pouvait donner sa position latitudinale et longitudinale à chaque fin de journée depuis le départ, et aussi le quantième du jour de navigation après la date !

Belle journée. J'ai navigué six heures trente et parcouru soixante-quinze milles nautiques. En quittant Sal ce matin, j'ai traversé plusieurs bancs de poissons volants, passant par centaines de chaque côté de ma planche ; j'avais l'impression d'être dans des nuages de diamant. La couleur de leur robe prend des reflets dorés au lever du soleil, ou argentés en pleine journée. Ces bolides des mers filent à la vitesse de ma planche et parcourent une centaine de mètres, c'est vraiment surprenant de beauté. Grâce à eux, la journée fut moins longue et la douleur plus supportable. Aujourd'hui, je n'ai quasi pas tourné, j'ai tout fait du même bord. Mon ilio-psoas[1] a chauffé ! En remontant le soir à bord, Chacha me fait une remarque par rapport à ma moyenne. Il m'explique que si nous avançons à cette allure, nous n'aurons pas assez de vivres. Il me rappelle que les prévisions étaient à cent milles par jour et non soixante-quinze. J'avais aussi parlé de vingt-cinq jours ; or, à cette allure, ce sera plus long.

Pour l'instant, je fais mon rodage. Mais pour ne pas prendre le risque d'arrêter plus tard à cause d'un manque de vivres, nous décidons de nous réapprovisionner à São Vincente, le dernier port avant le large. Encore une fois, je prends mon mal en patience.

Aujourd'hui, c'était ma première journée en tribord, sans changer de côté. Je suis heureuse de voir que cela n'a pas été trop dur. Figée dans la même position, l'avant-bras tendu, j'ai découvert ma posture pour le reste du voyage. En effet, le vent étant censé souffler toujours du même côté, je ne devrais pas avoir à tourner et donc modifier ma position. Je n'ai toujours pas pris mon baladeur MP3. J'attends de m'être bien acclimatée à ce nouvel environnement. Les journées sont longues, demain je le prends avec moi.

27 février

Au mouillage dans la baie de Mindelo, « capitale du Cap Vert sur l'île de São Vincente », nous sommes prêts à faire un réapprovisionnement en vivres. Ce matin, mon agent a mis un coup au moral de Chacha, qui a peur qu'on nous prenne pour des rigolos. Pour résumer, mon agent doit communiquer sur ce nouvel arrêt avec mes sponsors et ça l'inquiète, elle ne sait comment faire. Donc elle renvoie sa peur sur le capitaine, qui lui-même me renvoie ses craintes !

1. Muscle de la jambe appartenant aux muscles ventraux de la ceinture pelvienne.

Ce n'est pourtant pas compliqué, on s'arrête pour prendre des vivres, c'est tout. Ça ne faisait pas partie du programme, mais c'est comme ça.

Les courses sont faites, j'ai fini par trouver des fusées de détresse et parachute qui me manquaient, après une longue argumentation avec l'employé de la société de sécurité en mer. Cette mission m'a permis de rencontrer Jean-Paul, qui vérifie l'armement des canots de sauvetage. La moitié de la famille de ce Capverdien vit en France. Dans ce port du bout du monde, les petits cargos et bateaux de plaisance font leur dernier avitaillement avant d'affronter le large. Moment clé avant le grand plongeon.

En fin de nuit, nous partirons pour me mettre à l'eau au large de Santo Antão, à la limite de l'énorme trou d'air que provoque cette île volcanique. Cette fois ça y est, je serai vraiment au grand large. Plus d'escale possible, plus de mouillage tranquille, juste ma planche et le bateau.

En passant un peu de temps dans ce port, je me disais que ma place serait vraiment là, accrochée au bout d'une ancre dans un port du bout du monde. À Mindelo, la vie est douce et les gens heureux. Entourée par une montagne escarpée, l'atmosphère sableuse et ventée ajoute du mystère au lieu. Île ou repère de pirates, on se demande en arrivant ici si nous sommes les bienvenus ou si nous devrions repartir. En plus du décor qui ne laisse pas indifférent, un vent violent s'engouffre dans la baie, provoqué par un effet Venturi[1] efficace qui se forme entre les deux sommets et suit le creux de la vallée. Les cargos sont rouillés, leurs coques vertes d'algues ; certains sont devenus des épaves, à croire qu'on vient ici sans la certitude d'en repartir. Une incertitude renforcée par le fait qu'on s'y sent bien, malgré les apparences. Pas sûr non plus d'en repartir,

1. Accélération du vent entre deux reliefs, le long d'une vallée encaissée entre deux montagnes, par exemple.

car les dix jours de mer minimum qui attendent les marins peuvent décourager les moins téméraires.

Mais moi, je veux partir, et mon équipe aussi ! Ce début d'aventure prend des allures de faux départ et cela ne me plaît pas du tout. Mais cette fois, c'est la bonne. Au petit matin, je mettrai ma combinaison, et me jetterai du pont dès que le vent me le permettra. J'ai hâte de vivre ça, d'aller jusqu'au bout de moi-même. Ici, à Mindelo, je reviendrai un jour, avec mon bateau et en famille. J'espère que le vent va cesser d'augmenter, sinon je devrai découper mes voiles !

CENT CINQ MILLES

Cent cinq milles soit 194,46 kilomètres. La distance à parcourir aujourd'hui.

Ce matin, nous avons mis le cap vers le large. Après une longue zone sans vent, nous avons enfin trouvé de l'air au petit matin. La journée a été ventée, entre vingt-cinq et trente nœuds. Les conditions se sont très rapidement corsées. Les batteries rechargées à bloc grâce aux bons fruits et légumes du Cap Vert, je fais route « à donf' » vers l'ouest, dans une mer déchaînée. Le vent se renforce et je prends de plus en plus de risques à faire un tel cap[1]. En planche, quand on cherche à s'écarter du vent lorsqu'il souffle fort, cela demande un vrai investissement physique. Il faut toujours relancer avec ses jambes et rééquilibrer avec ses bras. Pour me reposer quelques secondes, je me rapproche du vent, j'ouvre ma voile en poussant sur ma main arrière pour laisser l'air filer et ne retenir qu'un minimum de pression. Ma vitesse ainsi diminuée, je cherche mon bateau des yeux.

1. Allure par rapport au vent.

Étonnée, je l'aperçois, ses voiles flottant au vent : elles faseyent. Que se passe-t-il ? Après avoir joint l'équipe par VHF, je comprends qu'ils viennent de vivre leur premier « en avant ». Un « planté » royal qui leur a provoqué une belle frayeur et un peu de casse dans la vaisselle de bord. Tout le matériel s'est retrouvé à l'avant des coques du bateau. Pierre et Denis ont apparemment subi une bousculade non contrôlée. Bref, il leur faut tout ranger, mais d'abord diminuer leur voilure. Je continue doucement ma route et les avertis d'un retour sur le bateau dès qu'ils seront prêts afin que je puisse à mon tour changer de voile.

De retour à bord de Neptune Car's, la mer est de plus en plus écumeuse, mais pas question d'arrêter là, je choisis un matériel plus petit et saute de nouveau dans l'eau.

Un peu plus tard, je croise la route d'un cargo. Je suis passée juste sous son étrave, enfin à trois cents mètres. J'aurais trop aimé voir la tête du bonhomme à la passerelle :

— Hey, Rodriguo y'a une blonde en planche à voile qui vient de nous passer devant !

Et l'autre de répondre :

— Ouais c'est ça, et ma grand-mère elle fait du skate !

Mon pied à l'arrière de la planche me fait mal, il se tord et mon chausson avec. Le plan d'eau est déchaîné, j'aimerais qu'un bulldozer me trace la route.

Avant mon retour à bord, alors que je suis à l'arrêt la voile dans l'eau, un oiseau veut se poser sur mon wishbone. Il est tout petit, noir, et a l'air un peu crevé. En m'apercevant, il hésite et repart finalement vers le large. Dommage, ça lui aurait sûrement fait du bien. L'atmosphère s'assombrit, le soleil se couche et les teintes de la mer et du ciel se confondent dans une gamme de tons orange.

Sur le bateau, Pierre le photographe est malade. Il vomit et a de la fièvre. J'espère qu'il ira mieux. Aujourd'hui, il n'est sorti de sa cabine que pour vomir et prendre succinctement l'air frais. C'est peut-être un mélange de mal de mer et de virus, je ne sais pas, en tout cas, il n'est pas bien du tout, du tout.

Moi, ça va, même si le cap à exécuter pour atteindre bon port m'oblige à prendre une position très difficile et tordue, comme celle d'un snowboarder qui engage son virage face à la pente. Mais mes efforts ont été récompensés : ce soir, en rentrant sur le bateau avec ce magnifique coucher de soleil, j'ai été soulagée de découvrir le nombre de milles parcourus.

Pour moi, cette journée était importante, car c'était celle d'un nouveau départ. J'avais envie de marquer le coup et montrer que j'étais bien « dans le match », rassurer mon équipe et surtout le capitaine, à qui je voulais prouver ma bonne forme. Cependant, dans ces conditions extrêmement difficiles, je ne m'en étais pas rendu compte sur le moment, mais j'y avais laissé des plumes. Mue par l'envie d'aller jusqu'au bout et de ne revenir qu'à la tombée du jour, je me suis mis une pression qui m'a poussée à dépasser mes limites d'un jour. Trente minutes suffisent à passer la ligne rouge sur une journée de défi. Ce jour-là, j'ai perdu le pouvoir. J'ai laissé quelqu'un d'autre me dicter les règles de mon projet. Au lieu d'être à l'écoute de mon corps et de chercher le plaisir dans l'action, je me suis transformée en machine à faire des milles. Un concept coûteux en énergie et dangereux pour la pérennité du défi.

Un défi dans le défi...

Sarah a voulu prouver à son équipe sa capacité à mettre en œuvre le projet dans le respect des objectifs et des performances fixés (tant de milles par jour, pendant vingt-cinq jours). Peut-être a-t-elle oublié que dans un projet, les objectifs peuvent évoluer. La seule question est de savoir qui a le pouvoir de décider de modifier les objectifs. Cette question essentielle d'ailleurs reviendra un peu plus loin dans l'aventure. En bonne sportive, Sarah se cale sur la performance, et comme elle a une « niaque » incroyable, elle atteint la performance et monte sur le podium. Assurément, l'exploit est de taille et je peux vous jurer que faire près de deux cents kilomètres en planche dans une mer déchaînée, c'est vraiment un exploit incroyable ! Il démontre le niveau technique de Sarah, sa pugnacité, et sa volonté. Mais du point de vue du projet, elle n'a pas réfléchi en termes de pérennité ; et comme elle n'a pas échangé avec son équipe sur la modification des objectifs, elle s'est « enfermée » dans une mécanique où chacun voit le projet de son propre point de vue, ce qui fait courir à l'ensemble un risque maximal.

Quelques conseils

- Surveillez votre fatigue et votre niveau de stress et utilisez votre corps et ses douleurs comme un tableau de bord.
- Veillez au bon état de toutes les ressources de votre équipe.
- Acceptez de vous mettre dans le rouge, mais sur des temps courts et dont la durée est au préalable déterminée.
- Acceptez de renégocier les objectifs en cours de projet.
- Mettez en place une organisation humaine (acteurs ayant le pouvoir de décision) permettant de modifier les objectifs après négociation, et ce, lors de la phase de préparation.

LES CRIS D'UNE ENFANT

29 février

Cinquante milles, soit quatre-vingt-treize kilomètres. Quatre heures quarante-cinq. Petite journée, les conditions météorologiques n'ont guère changé. En milieu de journée, j'ai un petit coup de mou. Alors que je m'arrête pour manger mes fruits secs et avertir le bateau que je ne le vois plus, je découvre que les piles de ma VHF sont à plat. Elles ont dû mal se charger. Heureusement, j'ai mon téléphone satellite. Jointe de la sorte, mon équipe sait désormais où je me positionne. Dans un quart d'heure, si je ne bouge pas, ils me dépasseront.

Vingt minutes plus tard, je les aperçois me doubler loin sous mon vent ; apparemment, je n'ai pas assez abattu, et les voilà loin devant. Pour les rattraper, je vais mettre une bonne heure et demie. En repartant, je me prends le plus beau catapultage de la traversée. J'en perds mes super-lunettes de soleil, pourtant bien accrochées à ma tête par un lacet collé aux branches de la monture. Mon gilet se retrouve enroulé sur ma poitrine, mon sac de côté. Fatiguée et un peu sonnée, je remets mon équipement à sa place et repars. Sans lunettes, mes yeux me brûlent à cause du sel et du soleil, je les garde à demi-clos.

Le bateau est de plus en plus loin, maintenant c'est sûr, je vais galérer pour les rejoindre. Pour rattraper mon équipe, je dois louvoyer au largue, faire des bords d'un côté et de l'autre pour m'écarter du vent. Je ne peux y aller d'une traite. Le chemin à parcourir est donc doublé.

Les vagues me cassent les jambes, je suis fatiguée, énervée de voir ce bateau et surtout ce marin qui s'obstine à garder le cap de la Guadeloupe. J'aimerais qu'il se rapproche davantage de mon cap. C'est ce qu'il tente de faire maintenant, je crois. Au fur et à mesure de la journée, avec la fatigue, je finis toujours *par me rapprocher du vent. Le sel me brûle de plus en plus les yeux et le soleil qui brille de tout son éclat ajoute encore un peu de violence à l'assaut des éléments. Soudain, les larmes montent ; je ne me rapproche que très peu de mon objectif. Les nerfs lâchent, et pour la première fois depuis des années, je redécouvre ma voix d'enfant : « Attendez-moi... Arrêtez-vous ! » En plein milieu de l'Atlantique, comme une enfant, à chaudes larmes, je crie de tout mon corps pour que mon équipe m'attende. Sur le moment, malgré la force de l'émotion, le son de ma voix me choque. Je n'en reviens pas d'être dans un tel état et surtout d'entendre cette petite voix d'enfant. Ça me fait froid dans le dos.*

Encore une fois, il est souvent plus facile d'analyser une situation après coup ! En pleine crise de nerfs, la gamine qui est au fond de moi criait sa colère et sa fatigue. Fatigue physique, mais aussi rage de ne pas être entendue par ce capitaine qui ne voulait pas s'adapter à mon allure. Exténuée de ne pas être soutenue comme je le souhaitais, faute d'avoir assez bien cadré ou défini les rôles de chacun, certainement. À chaque fois que je remontais sur le bateau je devais me justifier, expliquer pourquoi je ne tenais pas ma moyenne prévisionnelle de cent milles par jour. Mon défi n'était pas là. Cette aventure, c'est une histoire de cœur. Là, ça devenait du quantitatif. À bord, l'ambiance n'était pas celle que je souhaitais. J'aurais dû taper du poing sur la table, rappeler la mission de chacun et montrer que c'était bien moi qui pilotais ce projet. Mais après une journée de navigation, je n'avais pas la force de me battre contre mon équipe. Alors, à la manière douce, j'essayais de redresser la barre. Il aurait plutôt fallu frapper un grand coup pour rétablir le cap. Du coup, je me suis reposée : le lendemain, je ferais mes cent milles et ainsi tout le monde serait content.

En tout cas, avoir entendu cette voix d'enfant signifiait que j'étais en train d'atteindre mes limites mentales et par la même occasion repousser mon corps au maximum de ses capacités. J'avais souvent entendu parler des marins qui perdaient leur bon sens adulte et devenaient de vrais enfants sans défense sur les ondes radio, face aux problèmes, exacerbés par la fatigue. Mais le vivre, c'était encore autre chose, voire flippant, vraiment. On n'a pas l'impression d'être vraiment soi-même à ce moment-là. La sensation de ne plus être maîtresse de mon aventure s'est installée en moi.

Le syndrome de la boîte à claques…

Lorsqu'un projet dérape, on passe par un syndrome bien connu : il faut chercher les coupables et distribuer les gifles ! Pourquoi « ce marin » — remarquez que l'on ne parle plus de Chacha (une personne), mais d'un rôle… — ne s'adapte-t-il pas à la situation ? Tout simplement parce qu'il a « signé » un cahier des charges, s'est engagé sur des objectifs (coûts, qualité, temps) et qu'il s'y tient. N'est-ce pas normal ? D'ailleurs, s'il ne le faisait pas, il prendrait le risque qu'on lui reproche son inaction. Et comme aucun système n'a été prévu pour modifier les objectifs, chacun reste sur ses positions, ce qui est bien normal ! Est-ce de l'amateurisme ? Bien sûr que non, nous sommes dans des conditions exceptionnelles, aussi bien pour Sarah que pour l'équipe à bord du bateau. Ils sont tous exceptionnels. Cependant, du point de vue de la gestion de projet, nul doute que les petites erreurs d'organisation (mauvaise définition des rôles) vont avoir un impact considérable sur la suite de l'histoire. Dans un projet, la prise de recul est nécessaire. C'est pour cela que les rôles sont différenciés, afin de permettre la négociation, la discussion, l'échange. Un seul homme ou une seule femme peut difficilement jouer tous les rôles (commanditaire, client, payeur, chef de projet, expert, etc.).

Quelques conseils

- Restez dans l'anticipation, y compris pour gérer les ressources humaines.
- Apprenez quelques clés de la gestion de conflit afin de détecter les signes avant-coureurs.
- Ne cherchez pas des coupables, cherchez la solution.
- Acceptez la négociation, mais rappelez les rôles de chacun au moment de la prise de décision.
- Pensez que tout conflit est un échec et qu'il laisse des traces.

LA DIFFICULTÉ S'ACCROÎT

1er mars

Joyeux anniversaire, maman ! Toi, au large de Puerto Rico en voilier, et moi, en plein milieu de l'Atlantique… La tradition se perpétue.

Il suffit d'une seconde pour légitimer un projet, s'il faut encore le légitimer. Comme le surfeur qui peut attendre la vague parfaite pendant des heures, moi aussi, je viens de vivre un instant de pure magie.

Alors que je naviguais dans une mer hachée et un ciel couvert, droit devant moi à bâbord, un rorqual ou une petite baleine a jailli de l'eau. Là sous mes yeux, il vient de réaliser un premier saut en atterrissant sur le dos. Les vagues qu'il crée avec cette figure déforment l'horizon. Je crois halluciner quand il ressort de l'eau cette fois en effectuant un plus petit saut. Maintenant, c'est sûr, je ne rêve pas. Je saute sur ma VHF et crie : « Une baleine, une baleiiiiinnneee ! » À l'arrière, chacun sort de sa coque, mais sur Neptune Car's, ils ne voient rien, car ils se trouvent trop loin de la baleine et moi. Depuis le temps que je répétais à l'équipe qu'un jour je verrais ma baleine !

Voilà pourquoi je traverse l'Atlantique, pourquoi je suis là. Pour vivre cette communion avec la nature. Plus tard, dans l'après-midi, un jeune fou de Bassan me tourne autour. Je vois bien qu'il veut se poser sur ma têtière, le bout de mon mât. Mais il a dû comprendre que je n'étais pas un bateau comme les autres. Alors il continue sa route en rasant l'eau juste à côté de moi. Soudain, un poisson volant sort de l'eau. En trois coups d'ailes et un mouvement de bec, il se retrouve au fond du gosier de ce prédateur du large. Un poisson qui faisait pourtant deux tiers de la taille de l'oiseau !

Voilà, c'est ça, l'océan. Sous cette immensité bleu marine grouille la vie. Juste là, sous mes pieds, les poissons volants répètent leur ballet, les baleines pouponnent, les méduses remontent au vent, les petits bancs de poissons sautent à la surface, sous les yeux attentifs d'une multitude d'oiseaux du grand large.

Aujourd'hui, j'ai navigué cinq heures et demi et réalisé quatre-vingt-six milles, soit cent cinquante-neuf kilomètres. Le temps était un peu plus couvert, et les nuages d'altitude n'avançaient guerre. Le paysage gris a reposé mes yeux déjà bien fatigués par cette épopée. Le vent soufflait à vingt nœuds, sans compter des rafales à vingt-cinq nœuds. Même si j'étais un peu sous toilée à certains moments de la journée, le plan d'eau a fini par s'aplanir en fin de journée. En fin de journée, après être remontée à bord, je fais une séance complète d'étirement. Souvent Denis m'aide pour les gros muscles, il me détend aussi le cou et les muscles des pieds fortement sollicités.

2 mars

Aujourd'hui, cinquante-six milles, soit cent quatre kilomètres en cinq heures de navigation.

Le vent monte après trois heures de navigation, je suis crevée. Je rentre, change de voile. Les garçons ont pris le seul wishbone avec les bouts courts, par méconnaissance du matériel et manque de préparation avec mon caddy en amont, choisi au dernier moment. Ce jour-là, je paye ce petit manque, puisqu'avec une longueur de bout si petite, je suis dans l'incapacité d'abattre. Je me sens fatiguée. Déjà sur le catamaran, je voulais m'arrêter, mais sous la pression de Chacha, j'ai continué. Le vent est très fort et les vagues me projettent dans tous les sens. Les conditions météorologiques sont très difficiles. Collée à ma voile, je n'ai aucune liberté d'action. Depuis notre départ du Cap Vert les conditions sont davantage dépressionnaires. Je n'ai pas eu une seule journée de grand soleil, les nuages amplifient la force du vent, et la surface de la mer est chaotique. Je rêve de la longue houle des alizés.

J'avertis mon équipe de mon retour à bord. La manœuvre est difficile, les moteurs du bateau fonctionnent de façon capricieuse depuis le début de l'aventure. Malgré les heures passées dans le capot, le capitaine n'arrive pas à réparer la panne. Pour me récupérer, il utilise donc la voile cette fois-ci, mais ne se met pas totalement face au vent par peur de virer. Le bateau fait des bonds sur les vagues, et la petite jupe[1] à l'arrière de la coque tribord est loin d'être accueillante. Elle se trouve tantôt à un mètre au-dessus de l'eau, tantôt immergé par la vague. Il va falloir être rapide et coordonné avec le mouvement de la coque. Une fois mon matériel amarré, je surveille les monstres d'eau qui nous tombent dessus, le soleil se couche et fait

1. Cette plateforme de quelques dizaines de centimètres à la surface de l'eau à l'arrière des coques du catamaran permet aux baigneurs d'accéder facilement à la mer.

briller la surface de l'eau. Le vent siffle dans le haubanage[1] du bateau. Exténuée, je dois pourtant réaliser un ultime effort pour réussir à me hisser à bord sans passer sous la coque et risquer de m'assommer sous son poids. Les jambes en rétropédalage dans les abysses de l'Atlantique, j'observe le rythme des vagues, et surveille avec méfiance mon bateau, qui a l'air lui aussi de se faire sérieusement secouer par la houle. Chacha est concentré, les sourcils froncés. L'opération est délicate. Pierre, le second, réussit à m'attraper par le harnais et grâce à nos efforts conjugués, nous arrivons à me sortir de l'eau. Une fois dans le cockpit, devant un marin un peu inquiété par la manœuvre, j'entends les mêmes incompréhensions face à la distance parcourue par jour.

Contacté par e-mail, mon routeur Christian Dumard m'a indiqué que les choses n'allaient pas s'améliorer : le vent tournait de plus en plus à l'est, et deux jours plus tard, ce serait du plein est, donc un vent complètement arrière. Ce qui doublerait mon parcours et rendrait la mission quasi impossible. La veille, nous avions décidé avec le capitaine de nous laisser dériver vers le sud la nuit pour essayer de gagner légèrement en cap, mais pas en distance jusqu'au but. Le problème restait pour moi d'abattre, autrement dit de m'écarter du vent. Malgré tout, j'étais consciente que la difficulté s'accroissait et que les chances d'arriver à bon port s'amenuisaient. Mais je voulais aller jusqu'au bout de mes forces.

1. Ensemble du gréement du bateau : pataras, haubans et autres étais qui tiennent le ou les mâts debout.

Aller au bout...

Aller au bout de soi-même, pour quoi faire, pour qui ? Si c'est une décision, il faut bien en comprendre la raison. Seule Sarah pourrait en faire une analyse exhaustive. Est-ce à cause de la culpabilité d'avoir mobilisé tant de ressources et d'acteurs pour ce projet ? Est-ce un moyen de parer contre d'éventuels reproches ? Ou de ne pas prendre la décision d'arrêter à ce moment-là ? Est ce le cœur et l'âme de la sportive de haut niveau qui refusent d'abandonner avant d'aller jusqu'au bout ? De toute façon, un projet est une aventure. C'est aussi un moyen de se dépasser et de réaliser qu'on peut se sublimer.

La problématique du dépassement se retrouve aussi en entreprise. Depuis quelques années, on observe une recrudescence de *burn-out*, liée à plusieurs facteurs. D'abord, il y a la dynamique projet : l'équipe pousse naturellement vers la performance. De plus, la notion d'échéance dans le temps génère une pression non négligeable, mais qui sublime aussi (pression positive). En outre, les ressources pour mener les projets se sont raréfiées et la charge de travail de chacun est largement supérieure à ce qu'elle a été il y a encore quelques années. Il n'est pas rare de voir des chefs de projet enchaîner des semaines de soixante-dix heures, ainsi que des projets les uns derrière les autres, sans temps de respiration ni de bilans intermédiaires. Enfin, il ne faut pas négliger le facteur « culpabilité ». Arrêter un projet est très difficile face au regard des autres, à cette logique du « toujours plus », de la performance, parfois au détriment des acteurs de l'équipe et de soi-même. On peut comprendre qu'il faille au final trouver des « excuses » pour le faire. Une petite analyse et de l'introspection pourraient nous amener à la conclusion que le projet et sa logique de performance ne sont finalement pas si « écologiques » que ça. La rupture avec le rythme normal de la vie au sens biologique du terme, la mise sous contrainte des ressources, la logique de performance et de contraintes dans le temps peuvent sembler bien en déphasage avec ce que nous apprennent la nature, les animaux et leur sagesse naturelle.

Quelques conseils

- Comprenez que la logique projet est aussi systémique ; le projet s'insère dans un environnement qui interagit avec lui.
- Soyez dans la performance, mais pas dans le risque, pour vous et pour l'équipe.
- Ne confondez pas vitesse et précipitation.
- Posez-vous pour réfléchir, de manière régulière, programmez des temps de pause.
- Raisonnez toujours en termes de retour sur investissement pour le projet, pour l'équipe, et pour vous.

3 mars

Belle navigation sur une mer quelque peu arrondie. Le vent soufflait entre quinze et vingt nœuds, une diminution de force bien appréciée. J'ai parcouru quatre-vingt-six milles, soit cent cinquante-neuf kilomètres.

Il fait de plus en plus chaud, je sens que les Antilles se rapprochent. Le thermomètre prend deux degrés tous les jours. Je navigue désormais en shorty avec mon lycra manche longue par-dessus, ainsi qu'un pantalon en lycra que m'ont confectionné les ateliers d'O'Neill. Sur cette mer, le reflet du soleil est le principal danger.

Quand le vent monte et que la mer se creuse, je suis sur de véritables montagnes russes. Il m'est arrivé d'enchaîner trois vertigineuses houles. Ma vitesse anéantit l'effet du vent dans mes voiles puisque je vais plus vite que le vent. Cela m'oblige à tenir ma voile, qui n'est plus portée par le vent, en espérant que rapidement, le dos d'une vague m'arrêtera, et le moins brutalement possible !

Vers 15 heures, heure calculée avec l'inclinaison du soleil, donc à peu près, la mer s'évapore. J'ai l'impression d'être comme dans un western en plein désert, sauf qu'ici, pas de sable, mais des dunes de vagues à perte de vue. La chaleur est pesante et la déshydratation plus rapide. Je m'arrête pour remplir ma poche d'eau avec la bouteille que j'ai mise dans le sac à l'avant de ma planche. Les pieds dans l'eau fraîche, je régule la température de mon corps. Alors que sous mes pieds la faille océanique de six mille mètres me guette, je décide de m'étendre de tout mon long à la surface de l'eau, pour faire redescendre ma température corporelle. Faire la planche sur le dos en plein Atlantique, c'est fort agréable ! J'ai la plus grande piscine du monde à moi toute seule. Mais je ne suis pas en vacances... Les sensations de brûlure ici et là me rappellent que je suis en plein défi sportif.

Une fois ma pomme avalée, je retourne à l'assaut de la houle. Alors que le soleil commence à tomber devant moi, et que la surface de l'eau revêt une couleur dorée, je découvre au dernier moment une tâche sombre devant moi. Le choc est sec et rapide. Mes yeux ont eu le temps d'analyser l'objet : je viens de passer sur un petit requin. J'espère que je ne lui ai pas laissé une balafre sur la queue.

CHAPITRE 8

À BOUT DE FORCES

4 mars

Aujourd'hui, le vent a tourné à l'est. Je quitte le bateau avec un vent de quinze à dix-huit nœuds. Mais la force du vent est faible par rapport à la voile que j'ai choisie et je n'arrive pas à abattre autant que le bateau. Je le vois filer sous ma route. Alors que je les avertis d'un retour à bord pour changer de voile, je suis soudain prise de malaise. Je me sens perdre connaissance. Autour de moi, le décor se déforme et les sons arrivent sans concordance. Je ne vois plus très bien, je suis comme dans du coton. Je saisis comme je peux ma VHF et avertis l'équipe d'un possible malaise. J'entends Denis me poser des questions, mais je n'ai plus la force d'y répondre. J'essaie tant bien que mal de garder mes mains fixées au wishbone et tente de rattraper le bateau. Doucement, et avec l'aide de l'équipe qui remonte au vent, je réussis à m'en rapprocher, mais je chute. Je n'avance presque plus lorsque j'arrive à proximité de mon « bodyguard » des mers. Comme ils le peuvent, mes équipiers me récupèrent et me hissent à bord.

Un peu plus et je ne remontais pas à bord.

Allongée les pieds en l'air au milieu du cockpit, j'accuse le coup. Denis m'apporte un peu d'eau avec du jus de citron.

Au bout de dix minutes, le sang remonte au cerveau et je reprends un peu plus connaissance. Vidée, je suis complètement éteinte.

Denis m'aide à me défaire de tout mon équipement et je rentre me reposer dans ma cabine chaude et humide, ballottée par les vagues.

La tête lourde, moi qui évite au maximum les médicaments, je prends un comprimé de paracétamol pour tenter de faire passer le mal. J'aimerais dormir pour récupérer, mais je suis tellement exténuée que je n'y arrive pas. Je me sens vraiment très mal. Mais apparemment, j'ai toujours assez de sang dans le cerveau pour cogiter.

Je suis énervée, je repense à ces dernières heures.

En partant le matin, j'avais reçu une réflexion de trop de Pierre, le second, liée à ma façon de gréer mon matériel. Je leur conseillais juste à lui et à Denis de noter au marqueur indélébile le réglage sur la voile. Avec agressivité, il m'avait répondu qu'il avait une autre façon de fonctionner et que tout était dans leur carnet. Très bien, c'était juste un conseil ! La situation ne pouvait plus durer. Sur le bateau, l'atmosphère pesait une tonne. Au lieu de m'aider et me motiver à dépasser mes limites, on me sabrait chaque jour un peu plus. Je comprenais que ce soit dur pour tout le monde et que s'adapter aux changements en mer n'était pas chose aisée. Mais je les avais embauchés pour ça : c'est leur métier, leur mission. Le matin, j'étais donc partie le palpitant remonté à bloc, je me souviens l'avoir dit à Denis. La fatigue physique associée au stress psychologique a sûrement fait le reste. Allongée dans cette cabine, je n'arrivais pas à dormir, car je devais échanger avec mon équipe et les informer de ce que je déciderais pour la suite.

Après leur avoir rappelé l'objectif de la traversée et mes motivations personnelles, je les ai mis face à leurs responsabilités. Très vite, les remarques ont fusé. Au lieu d'engager un échange constructif, les jugements et les reproches se sont multipliés. J'étais d'abord sous le choc de ce que j'entendais, même si j'acceptais certaines de leurs critiques.

Le skipper m'explique que je ne tiens pas mes engagements (cent milles par jour), que je ne me donne pas à fond, qu'on s'ennuie à bord, qu'il ne faut pas se voiler la face : je n'y arriverai pas ; que si l'on n'avait pas fait des escales, je serais toujours au Cap Vert. Qu'il nous faudrait trente à quarante jours pour arriver. Pierre, le second, avoue en avoir marre et préférerait être chez lui. Ils étaient motivés par le projet à la base, mais pas ce qu'il est devenu.

Face à eux, je me défends, j'explique que l'aventure réserve toujours son lot de surprises et que lorsque l'on réalise quelque chose qui n'a jamais été fait, on doit s'attendre à modifier le plan initial, savoir s'adapter. Mais très vite, les émotions me submergent et les larmes montent. Le plus dur, c'est d'accepter qu'on me dise que je ne me suis pas donnée à fond. Peut-être suis-je trop souriante quand je sors de l'eau ? C'est vrai que j'ai toujours tendance à ne pas montrer que ça ne va pas, par pudeur je crois. Quand je repense à la façon dont je me hisse à bord tous les soirs à quatre pattes, les genoux en feu, à mon mal de hanche, d'ovaire, de dos... Moi, j'ai l'impression de me donner à fond.

Pendant trois jours au départ du Cap Vert, j'avais ressenti de violentes douleurs aux ovaires, accompagnées de saignement. D'après l'expertise de mon médecin, cela pouvait se produire quand le corps d'une femme est confronté à des situations extrêmes.

Finalement, la conversation s'est terminée de façon plus constructive. Chacha pensait que je n'avais pas réalisé à quel point arriver à bon port serait difficile, impossible, selon lui. Il était rassuré de savoir que j'en étais conscience, que je n'irais pas jusqu'à l'épuisement de tous, et avait aussi compris que je voulais continuer tant que je le pourrais. Il m'a fait part de son soutien pour la suite de programme. La conclusion de cette discussion traduisait un manque de communication entre mon capitaine et moi. Il ne suffit pas de penser, il faut aussi parler. Même si je savais qu'atteindre la Guadeloupe semblait compromis, je ne voulais pas le formuler oralement, par superstition ou envie d'y croire jusqu'au bout, tant que l'aventure continuait.

Quelques conseils

- Prenez le temps de réfléchir à votre plan de communication en phase de préparation.
- Faites-vous aider par un spécialiste, car ce n'est pas facile à réaliser, ou faites-le valider par une personne extérieure au projet.
- N'oubliez jamais de mettre en œuvre ces points de communication ; même s'ils peuvent vous sembler inutiles sur le plan opérationnel, c'est utile pour maintenir la motivation de l'équipe.
- Ne pensez pas qu'il faille parler de tout à tout le monde. Les niveaux de communication dépendent des rôles des acteurs ; le « tout-participatif » conduit à l'enlisement.
- Pratiquez l'écoute active ! Beaucoup de problématiques peuvent être désamorcées très en amont, mais cela demande un décentrage très fort et d'être attentif aux autres et à ce qu'ils ne verbalisent pas.

Communiquer, communiquer, communiquer...

Ce qui manque le plus dans les projets, personnels comme professionnels, c'est le plan de communication... Il est humain de penser que tout le monde a compris le projet, le regarde de la même façon, a saisi les objectifs et que c'est immuable pendant toute sa durée. Le plan de communication comprend la communication de coordination, de décision et de promotion. On se coordonne avec tout le monde, on décide avec quelques-uns, on assure la promotion vers les « clients » du projet. La promotion est l'un des moteurs de la motivation des acteurs.

Alors, si vous ajoutez à une définition des rôles incomplète l'absence d'un chef de projet, la réalité de conditions exceptionnelles, la pression, la fatigue et bien sûr la complexité du fonctionnement humain, vous obtenez un cocktail détonnant. Le système implose et il est parfois impossible de reprendre la main.

La situation en mer complexifie grandement les choses. Pour ceux qui n'ont jamais navigué, il faut comprendre la grande exigence que suppose la présence sur un bateau. Vous cohabitez pendant des jours sur une surface de quelques mètres carrés où il est impossible de s'isoler vraiment. Votre environnement est sans cesse en mouvement, le bruit permanent (vent, vagues sur la coque, etc.). Il faut régler le bateau en permanence en fonction de la force du vent, de l'allure, de la destination. Vous avez parfois le mal de mer... Et dans le cas présent, vous êtes en compétition. Tous ces éléments sollicitent fortement l'organisme, tant sur le plan physique que psychologique. Il faut une sacrée force de caractère pour tenir. Le soutien des autres est un carburant indispensable, la situation pouvant tourner très rapidement au conflit pour un prétexte qui peut paraître futile.

La communication organisée en amont permet de prévoir des points de régulation sans cesse renouvelés tout au long du projet. C'est une organisation essentielle pour se rappeler les objectifs, pouvoir les modifier, continuer à motiver les troupes et s'assurer à travers la verbalisation et la non-verbalisation de l'évolution du positionnement des acteurs par rapport au projet.

5 mars

J'ai mal dormi. En me réveillant, le malaise est toujours là. Je suis toujours aussi faible. J'appelle Jean-Yves Chauve, le docteur des marins, pour savoir ce que cela peut être. Il pense à de la sous-nutrition. Il a même parlé de possible anémie. Un diagnostic qui ne fait pas plaisir à Chacha, lui qui a la réputation de bien cuisiner. Il me prépare immédiatement un plat de pâtes. Nous faisons toujours route vers le sud, puis nous nous mettrons à la cape[1] pour que je puisse prendre une décision quant à la suite de l'aventure. Je vais me reposer. Le capitaine profite de mon absence pour faire cap à l'ouest, alors que j'ai demandé qu'on attende ma décision finale, à savoir si je suis capable de continuer à naviguer. Du fond de ma cabine, je sens avancer le bateau dans la mauvaise direction et demande à Denis d'aller voir ce qui se passe. Apparemment, le capitaine pense que même si je fais cent milles par jour, on mettra quinze jours pour arriver en Guadeloupe et qu'il n'y aura pas assez de vivres à bord. Vraiment, je ne comprends pas pourquoi il me remet la pression avec le ravitaillement, qui devrait être ok, puisqu'on a fait un stop à Mindelo avant de prendre le large. Excédée, j'abdique et laisse Denis se débrouiller. Il finit par avoir gain de cause. Je sens maintenant le bateau qui perd de la vitesse et fait cap au sud.

Plus tard, à l'issue d'une discussion avec Pierre, le photographe, et Denis, j'ai décidé de modifier mes plans. Le bateau fera désormais route vers Saint François quand je ne naviguerai pas. Solution acceptée par Chacha. Ce soir, nous faisons route vers les Antilles sans voiles ; on avance déjà à cinq nœuds. Je suis toujours fatiguée. J'espère que demain ça ira mieux afin que je puisse retrouver ma planche.

1. Mettre en panne — à sec de voile ou une seule petite voile d'avant — pour mettre le bateau face au vent.

CHAPITRE 9

LA DÉCISION

6 mars

Dans deux jours, ce sera la Journée de la femme. Pas de la mienne.

Aujourd'hui, mon défi s'arrête. Je me suis remise à l'eau ce matin, mais la fatigue est toujours là. Focalisée sur un étroit tuyau visuel face à moi, je n'arrive pas à mobiliser toutes les forces de mon corps. Une demi-heure après mon départ, j'appelle mon équipe à la radio pour lui dire que je vais remonter à bord. Le bateau est déjà loin sous mon vent, je ne pourrai pas le rattraper. La planche à voile est un sport qui demande une forme physique totale et un engagement maximum. On ne peut pas le faire à moitié. C'est donc l'âme en peine que, ne sachant pas quand mon état de santé va s'améliorer, je me résous à arrêter mon défi et de ce fait rapprocher la date de notre arrivée. Ce serait bien d'arriver un week-end pour mes sponsors. Si mon physique le permet, j'aimerais tout de même retourner à l'eau pour glisser encore un peu sur ce fabuleux océan. Mais si je ne navigue pas, et que l'arrivée est fixée au 17, il faudra se laisser dériver jusqu'à cette date, d'après les estimations de Chacha. Connaissant l'état psychique et physique de mon équipe et de moi-même, je comprends vite qu'attendre d'aller mieux pour pouvoir retourner à l'eau, sans aucune certitude, n'est pas une solution envisageable. Je suis fatiguée, secouée par les vagues, mon sommeil est de moins en moins réparateur. Sans voile déployée, le bateau se fait ballotter. Alors je réfléchis, pour être sûre de ma décision. Je sais que je n'arriverai pas à réaliser la totalité de la traversée, mais je ne veux pas quitter cet océan. J'aimerais tant pouvoir vivre quelques journées de plus à glisser sur son dos ! La seconde option est de rentrer directement à la voile pour essayer d'arriver ce dimanche 11 en Guadeloupe. Finalement, j'opte pour cette solution. Décision difficile à prendre. J'ai quatre marches à gravir pour passer de la coque tribord au poste de commandement, quatre marches que je vais gravir l'une après l'autre à ma vitesse, le temps d'assumer mon choix.

Je l'ai fait il y a maintenant quatre heures et je commence seulement à comprendre ce que cela signifie. J'aurais tellement voulu arriver victorieuse à Saint François ! Et surtout pouvoir au moins continuer à naviguer. Le pire, c'est que demain, ça ira peut-être mieux.

Triste ? Oui.

Déçue ? Un peu, mais pas trop.

Des regrets ? Non, pas vraiment. Je trouve juste dommage que nous ne nous soyons pas mieux compris à bord.

Et qu'est-ce que je vais faire maintenant ?

Qu'est-ce que je vais raconter ?

Quels projets vont m'animer ?

Tout s'entrechoque dans ma tête. Bientôt, je devrai répondre aux interrogations des sponsors, des journalistes.

J'espérais tellement y arriver.

Comment vivre les mois qui viennent ? J'espère qu'ils seront remplis. J'espère que je pourrai écrire le livre de mon expédition. Parler de mon aventure, de ce qu'il m'a fallu mobiliser pour réussir à partir, de ce que cela m'a apporté. J'ai des choses à raconter. Je veux continuer à échanger, à découvrir. Est-ce que parce que je n'ai pas réussi entièrement ce projet, on ne me fera pas confiance pour d'autres ? Je veux continuer à parcourir le monde et monter des projets d'aventure et d'expéditions. À passer mes messages avec force et conviction.

J'ai quand même cette étrange sensation de ne pas m'être suffisamment fait écouter. À mon rythme, seule ou avec une équipe avec qui j'aurais su mieux communiquer et qui m'aurait mieux soutenue, je n'y serais peut-être pas arrivée, mais j'aurais été plus loin. En me parlant de leurs peurs, ils n'ont pas pris conscience qu'ils ne m'aidaient pas. Je ne suis pas quelqu'un qui a besoin d'être poussé, je connais mes limites et fais toujours de mon mieux. À propos de mes limites, je les connais encore mieux et en ai découvert de nouvelles.

En tout cas, je me demande bien ce que j'ai. Anémie ? Malnutrition ? Dénutrition ? Stress ? Fatigue extrême ? Je le saurai peut-être à l'arrivée.

Nous arriverons donc dimanche. J'espère être en pleine forme et pouvoir faire une belle journée de navigation.

Ce moment que j'ai tant espéré, je ne veux pas le rater. Je le vois sous le signe du partage, du cœur, avec tout les windsurfeurs guadeloupéens. Pour faire une belle fête et une dernière fois mettre la planche à l'honneur.

J'imagine que bien des champions avant moi ont échoué dans leur expédition, record, et autre tentative et que cela ne les a pas empêchés de recommencer. Il me suffit de me remémorer les mésaventures de certains marins du Vendée Globe par exemple, qui ne dépassent pas le cap de Bonne-Espérance.

Malgré tout ça, je suis heureuse de ce que j'ai vécu. Je crois que je suis mélancolique.

J'ai souvent pensé à Raitu, Beb, Alex de Tahiti, Alex de Nouméa, Christian D., mon cardiologue, à ceux qui ont partagé ma préparation.

Que de belles rencontres pendant ce chemin ! Quelle belle aventure...

Une chose est sûre, il faut créer, avoir des projets. Cela ensoleille la vie et la rend infiniment plus riche. Le seul risque, c'est de ne pas réussir. Mais peu importe, puisque j'ai vécu cette expérience. J'aime le dicton d'Oscar Wilde, qui dit qu'il faut toujours viser la lune, car même en cas d'échec, on atterrit dans les étoiles...

Tout à l'heure, à la fin de l'interview que j'ai réalisée pour mon équipe presse, j'annonçais que l'aventure s'achevait quand les dauphins sont venus à notre rencontre. Une cinquantaine tout autour du bateau !

Heureux présage ? Certainement. Un signe, comme pour me dire « tu as bien fait, tu reviendras nous voir et nous attendrons ton retour ».

Cette même journée j'avais programmé un appel téléphonique avec les enfants de l'hôpital Bullion. C'était un grand bonheur de les avoir au bout du téléphone satellite. J'étais heureuse de savoir que certains allaient mieux. Leurs questions me divertissaient et m'ont fait sourire. Tous ont compris mon choix et m'ont demandé de ne pas prendre de risques. Pour eux qui sont privés de liberté pour quelques mois, se mettre en danger physiquement est irrationnel.

Quelques conseils

- Reprenez le pouvoir sur vous-même et dites NON.
- Attendez le moment propice pour faire un bilan, n'allez pas trop vite.
- Pensez à vous faire accompagner pour dresser le bilan. Cela vous permettra de vous décentrer, de regarder vos objectifs avec un autre filtre et une autre analyse pour capitaliser.
- Dressez deux bilans un à chaud et un autre quelques semaines plus tard et comparez-les.
- Donnez-vous des moments pour vous reposer entre deux bilans et pour vous faire plaisir.

L'heure du « go/no go »...

L'arrêt d'un projet, cela se prévoit ! En fait, cela doit même se planifier. On a rassemblé toutes les énergies pour réussir, on a construit, organisé, motivé, et on se donnerait le droit d'arrêter ? Si ce n'est pas facile à comprendre, cela reste sécurisant pour l'ensemble des acteurs et très facile à communiquer si c'est déjà prévu.

Dans le cas d'un projet sportif, c'est beaucoup plus difficile, car il faut mobiliser les acteurs autour d'un événement unique, *a priori* déjà risqué. Comment expliquer à un sponsor qui va engager de grosses sommes que l'on se donne le droit d'arrêter ? Ce sont sûrement là les limites de l'exercice et de la séparation de ce que peut être le projet en entreprise et de l'exploit sportif de Sarah.

On comprend aisément que les quatre marches ont été difficiles à gravir pour Sarah... Des mois de préparation, centrées sur un seul objectif, réduit à presque néant en quelques secondes... Cela dit, ce sont des moments très forts, dont on se souvient toute sa vie. Des moments qui nous rendent humains, beaucoup plus humains, des moments de congruence avec soi-même, car ce sont des décisions essentielles qui conditionnent la suite de notre vie. Ces expériences fortes qui nous construisent, cette capacité à dire NON dont on parle tant, ce sont des moments où l'on est en pleine possession de ses moyens. Celui qui dit NON est bien plus fort que le celui qui dit OUI !

Sarah ne le sait pas encore à ce moment-là, mais le chemin qui reste à parcourir pour dresser vraiment le bilan du projet est encore long, fait à la fois de souffrances physiques et morales. Mais nul doute qu'un champion est bien mieux armé que le commun des mortels pour rebondir et repartir vers de nouveaux projets. Certains reproduiront les erreurs passées, faute de bilan complet ou d'être accompagné pour le faire, d'autres en sortiront grandis, plus performants et plus sages parfois.

CHAPITRE 10

LA FIN DU VOYAGE

ANALYSE ET RÉFLEXION

7 mars

La fatigue est toujours là, mais la majorité de mes troubles ont disparu. Seul me gêne encore un mal de tête constant et un goût amer et pâteux dans la bouche. Dehors, pas de regrets, le ciel est gris, il pleut et le vent est faible. Hier il était fort et la mer hachée.

Des conditions qui ressemblent plus à la dépression qu'aux alizés. Irrégulier, le vent perd dix nœuds sous les grains. Bref, pas un temps idéal pour faire de la planche à voile.

8 mars

Cette fois, mon mal de tête semble parti, je vais mieux. La preuve, j'ai envie d'aller naviguer. Il m'aura donc fallu quatre jours pour me rétablir en partie. Bien sûr, ça n'est pas encore la grande forme, mais je pense que je pourrai naviguer le jour de l'arrivée. Ne pas entrer dans le cercle de la fatigue, je le savais pourtant bien, mais force est de constater que je n'ai pas réussi à résister à la pression. Dans ma tête, c'est toujours la même zizanie.

Et si ?... Et si j'avais attendu quatre jours ? Impossible, le capitaine aurait voulu avancer. Oui, mais j'aurais quand même pu continuer pour le fun. Non, peut-être pas, peut-être que j'aurais été trop fatiguée. Et si j'avais plus mangé ? Le matin. Sur l'eau. Mangé que des pâtes le soir. Et si j'avais eu une autre équipe ? Et si je l'avais dirigée différemment ?

On ne refait pas le passé. J'ai conduit de mon mieux mon premier grand projet, à l'instinct et avec un maximum de méthodologie.

À moi désormais de comprendre le message. Quels enseignements dois-je en tirer ?

En fait, j'ai l'impression, et c'est troublant, que la boucle est bouclée. Comme si après six ans, j'avais réussi à prouver qu'« avec du cœur, tout est possible ». Que je suis « apte ». Que je suis une aventurière. Que la vie m'appartient et que je peux faire ce que je veux. C'est vrai que réaliser toute la traversée aurait été extraordinaire. Oui, mais j'ai beau être « bionique », je ne suis pas Terminator ou Goliath ! Cette fois-ci c'était trop dur, juste pas possible.

Aujourd'hui, enfin il fait beau, le vent souffle à vingt nœuds et la houle semble diminuer. En regardant les vagues, je me demande si j'aurais pu tenir l'angle aujourd'hui. Il est clair que je ne pourrais suivre le bateau, lui fait du tout droit, direction Saint François, le vent dans le dos.

Je commence mon analyse technique sur le cap à tenir pour réussir ce défi et donc le vent idéal. Je compare mes observations avec les prévisions d'avant départ. Très vite, une évidence : ma moyenne estimée était trop élevée, quatre-vingts milles par jour semblent plus corrects que les cent milles de départ. Ce n'est pas nouveau, la principale difficulté de cette traversée est bien sûr l'angle à tenir. Dans ces conditions de houle et de vent, il est très difficile de tenir un angle abattu en funboard.

9 mars

Allongée à l'intérieur du bateau dans le carré, j'écoute les bruits créés par notre progression. Les vagues claquent sur la coque. Dehors, la lune est claire et pleine, certains petits et longs cumulus viennent lui dessiner une moustache. En écoutant Neptune Car's qui « dévale » les quelques pentes vertigineuses qu'offre l'Atlantique, je me rends compte à quel point la progression est pénible, même pour ce catamaran de grande taille. Malgré ses quinze mètres de long et ses quinze mètres de large, le bateau craque dans tous les sens et se fait projeter par la houle. Comme moi avec ma planche, il effectue régulièrement des accélérations sans fin, le souffle coupé jusqu'à la prochaine vague qui va nous arrêter net dans un grand fracas. À l'image du skieur débutant, ce navire a lui aussi du mal à arrêter sa course folle. Seul le dos d'une vague plus grosse que les autres stoppe cette série de rebonds. Alors si même ce bel oiseau des mers n'arrive pas à contrôler son rythme, comment moi, sur ma petite planche, pourrais-je résister aux assauts de l'océan ? Quand le vent souffle à vingt nœuds, le bateau glisse à la vitesse de sept à dix-sept nœuds. Cette différence s'explique par le terrain accidenté sur lequel nous évoluons. Les vagues arrivent dans tous les sens et font stopper le bateau net quand, pris au piège par une épaisse et lourde vague, il doit s'arrêter. La coque craque, la table du cockpit souffle un épais geyser d'eau salée, et le plancher se tord. Chaque bouche d'évacuation renvoie un jet d'eau en l'air provoqué par la pression des vagues sous le bateau. Voilà pourquoi mieux vaut avoir une grande embarcation pour affronter les océans. À moins d'avoir plusieurs vies de rechange, comme dans les jeux vidéo.

Ce soir, la nuit a d'abord montré son visage sombre avant que la lune vienne éclairer ce ciel endormi. Les nuages se sont dessinés et une clarté jaune est apparue. Maintenant que je suis assise sur le pont, la douce brise des alizés fait danser mes cheveux sur mon visage. Rêveuse, je réfléchis, je suis nostalgique, mais aussi tournée vers l'avenir. Quelle joie de savoir que ce n'est pas mon dernier lever de lune ! La vie m'en promet plein d'autres.

Tout à l'heure, en fin de journée, nous avons croisé un tanker. Il semblait faire route vers le Cap Vert. Va-t-il lui aussi rencontrer la même baleine, les mêmes frégates ?

Ici à bord, on s'occupe. Les remarques peu délicates du capitaine ne cessent pas, apparemment c'est sa façon de communiquer. Ce soir, c'est Denis qui « en prend pour son grade » à cause de ses gants pour se protéger les mains… À chacun son style.

ARRIVÉE EN GUADELOUPE

10 mars

Doucement, mais sûrement, nous faisons route vers Saint François. Le soleil brille à travers une couche de petits nuages en altitude, synonymes de pluie. La mer s'est aplanie. Le vent, annoncé à quatorze nœuds, souffle finalement moins fort, les étraves du catamaran fendent doucement les vagues.

Ce matin, je me suis levée tôt. Mon sac est prêt, je l'ai préparé hier. Je veux arriver et continuer vers l'avenir. Je ne fais plus vraiment d'effort. Moi qui pensais vivre une aventure humaine forte avec mon équipe, en symbiose, je crains que rien ne restera. En tout cas pour le capitaine et son second. Mais bien évidemment, ce n'est que mon ressenti.

Notre moyenne est faible et remet en cause une arrivée pour dimanche. Ce sera plutôt lundi. Zut, moi qui voulais retrouver tous les copains guadeloupéens sur l'eau !

11 mars

Aujourd'hui, comme depuis deux jours, j'ai les oreilles accrochées à mon baladeur, j'écoute les podcasts de France Inter et France Culture. Histoire de Versailles, les elfes en Islande, le portrait de Régine, quatre-vingt-dix-sept ans, et une conférence de deux heures de l'écrivain et conférencier Eckhart Tolle sur l'instant présent. Temps nuageux, quelques gouttes de pluie. Vent très faible. Nous traversons d'immenses nappes d'algues (sargasses). Véritables radeaux végétaux, solides, mais souples, adaptés aux mouvements de houle et aux forts courants marins. Ces masses dérivantes, lorsqu'elles sont importantes comme celles que nous avons croisées, constituent un habitat et un refuge pour de nombreux invertébrés et vertébrés marins, dont beaucoup n'existent pas ailleurs.

Nous continuons notre route, l'arrivée est estimée à 10 heures demain en Guadeloupe.

12 mars

Sonnée, je suis sonnée. Mais bien arrivée.

Allongée sur un lit en dur, dans un bel hôtel situé sur les hauteurs de Saint François.

Ce matin, le vent s'est levé avec à l'horizon l'île de La Désirade. J'attendais que le vent soit suffisamment fort pour me mettre à l'eau, mais c'était trop juste. Nous avons donc pris un mouillage face au lagon de Petite-Terre pour attendre que le vent se renforce. Les dauphins nous accueillent, nous sommes heureux de sentir l'odeur de la terre. Dans la minute qui suit « P'ti Pierre », le second, Pierre le photographe et Denis sont à l'eau. Je me retrouve face à de vrais gamins, leur joie me réjouit. Chacha a les mains dans son moteur, moi je prépare ma planche et ma voile sur le trampoline. Je fixe mon aileron à ma planche. Une fois prête, je me mets à l'eau et m'éloigne *de Petite-Terre en direction des éoliennes, sous la Pointe des Châteaux. Plus je me rapproche de la terre, moins il y a de vent. Neptune Car's me rejoint. Une bonne heure plus tard, un Zodiac orange file vers le bateau ; à côté de lui, une planche navigue. Ça fait plaisir de voir un autre véliplanchiste, moi qui ai occupé le paysage seule pendant douze jours !*

J'en vois maintenant trois. Après avoir retrouvé mon petit ami et Kéru le cameraman, je reconnais Windy, une figure du windsurf en Guadeloupe, juché sur sa planche. Aux commandes du Zodiac, Cyril, un ami guadeloupéen qui tient une école de planche à voile, est aussi là. Ça fait plaisir. Direction la plage ! C'est bien agréable de partager ces derniers bords[1] avec les Guadeloupéens. À terre, un comité d'accueil m'attend. Adjoint au maire de Saint François, journalistes, caméras, touristes, jus de fruits et acras de morues pour me récompenser de mes efforts. Bonne ambiance. Petit comité.

Je n'étais pas préparée au choc de cette arrivée. Heureusement, il n'y avait pas autant de médias que si j'avais réalisé la totalité du parcours. C'était ma première arrivée de transat. Comme le nourrisson qui sort du ventre de sa mère, j'ai vécu une renaissance. Alors que pendant vingt jours j'avais été quasi seule sur ma planche, avec un rapide contact humain le soir, je me retrouvais soudain face à une multitude de personnes. En mer, seuls des sons naturels venaient troubler le silence. Ici, le bruit des moteurs de bateaux, des voitures, des gens, de la radio, de tout ce qui anime un village m'agressait. Et il n'y avait pas que le son qui changeait ! Mon nez avait perdu l'habitude de cet éventail de senteurs plus ou moins naturelles ! Je venais à peine de poser le pied à terre que j'avais déjà envie de repartir… tranquille sur ma planche. Toute cette activité me sautait avec violence à la figure. Et la fatigue toujours présente n'était pas là pour arranger les

1. Un bord est un trajet en planche. Un dernier bord signifie souvent un aller-retour : plage/océan/plage.

choses. La joie de retrouver mes amis n'a duré qu'un temps. Très rapidement, la tristesse et la nostalgie m'ont envahie.

Je n'arrivais pas à écouter les messages de remerciements et de félicitations. Pierre, mon petit ami, essayait de me consoler, mais tant que je n'accepterais pas que ce défi n'était pas un échec mais une réussite partielle, puisque j'avais rempli mes objectifs personnels, je resterais dans ce flou émotionnel. Pas facile pour celui qui m'aime de trouver sa place à mes côtés. J'étais incapable de reprendre mon rôle de petite amie. J'avais la tête et le cœur toujours en mer.

Deux jours après notre arrivée, j'ai ouvert mes e-mails et découvert des dizaines de messages touchants. Amis, simples passionnés, porteurs de défibrillateurs, personnes sensibles à mon message, tous me remerciaient et signaient « Avec du cœur, tout est possible ». Cette lecture m'a fait un grand bien et profondément rassurée. Trois jours après mon arrivée, je suis enfin allée chez le médecin pour faire des analyses sanguines et un bilan complet. J'avais perdu 4 kg, ce qui n'était pas énorme vu l'investissement physique. En revanche, ma tension culminait à neuf. Pas de doute, j'étais bien épuisée. Le lendemain, mes analyses n'ont révélé aucune carence. Contacté par téléphone, mon médecin, le Docteur Chauve, m'a confirmé qu'il s'agissait uniquement d'une grosse fatigue combinée à la pression mentale. Ma mère est arrivée le même jour. J'étais heureuse de la voir.

Alors que je n'avais pas forcément envie de partager davantage de temps avec l'équipe, j'ai tout de même accepté la proposition de Chacha de partir à Marie-Galante, sachant que cela ferait plaisir à mon petit ami et à ma mère. J'avais envie de leur montrer le bel oiseau sur lequel j'avais passé toutes ces nuits. Et puis j'avoue que je ne voulais pas quitter ce bateau avec lequel j'avais tissé un lien particulier. Marie-Galante, les Saintes, c'est sur ces îles que j'ai expliqué à ma mère ce qui s'était passé là-bas, en haute mer. Étonnée, déçue pour moi, elle était soulagée de me retrouver saine et sauve. Mon petit ami était heureux d'être en mer, en Guadeloupe, de découvrir mon lieu de vie quotidien pour ce défi. Mais je pense qu'il aurait aimé que je partage davantage de moments de relaxation avec lui. J'ai essayé, mais n'y arrivais pas. J'étais encore là-bas. Plus les jours passaient, plus le malaise s'est installé entre mon ami et moi. Au lieu de me laisser digérer ce passage difficile, il creusait, essayait de comprendre, nous remettait en question, se remettait en cause, me questionnait sur la force de mes sentiments. C'était la dernière chose dont j'avais besoin à ce moment-là. J'étais mal à l'aise. Je voulais rentrer. Ma mère allait faire un crochet par la Bretagne avant de rentrer en Nouvelle-Calédonie. Là-bas, dans mon environnement, je pourrais plus profiter d'elle. Alors je me suis occupée du retour de mon matériel par avion et cargo. François, le responsable local de l'école de voile, m'a beaucoup aidée dans cette logistique, ainsi que mon petit ami bien sûr.

Mon carnet de route s'est achevé à la date de mon arrivée. Une demi-feuille fébrilement écrite au stylo le 28 mars faisait état de mon état mental après la rupture avec mon ami et le trouble provoqué par la traversée.

C'est seulement le 4 avril que j'ai fait un bilan détaillé du défi sur ce même carnet.

La dissolution de l'équipe...

À l'instar des bilans, la dissolution de l'équipe est rarement programmée. Pourtant, ce sont les phases les plus rentables du projet, car elles permettent les capitalisations individuelles et collectives.

La dissolution de l'équipe permet de fêter les réussites et de réfléchir aux pistes d'amélioration. Au-delà de l'introspection individuelle, le travail collectif pour mettre le mot « fin » au projet est essentiel.

Quand s'est terminé le projet de Sarah ? Quand a-t-elle mis pied à terre pour la première fois ? Quand a-t-elle décidé en mer d'arrêter le défi sportif ? Au moment où elle a quitté l'équipe ? Au moment

→

où elle a remis les pieds en terre bretonne ? Au moment où elle a fini d'écrire ce livre ?

Cette question essentielle permet de préparer les ressources nécessaires (humaines, matérielles et financières) pour clore le projet au mieux et ne jamais garder un goût d'inachevé. Il permet aussi de pouvoir « désengager » les acteurs, de se dire au revoir au mieux.

Dans l'idéal, il faut faire son deuil du projet ; ceci est vrai pour le chef de projet comme pour l'équipe. Il faut pour cela organiser une réunion de bilan tous ensemble, l'animer sans ressentiment, sans jugement, en se centrant uniquement sur les faits ; il s'agit de se demander comment faire mieux la fois suivante. Cela permet aussi de savoir si certaines personnes ont besoin d'un accompagnement pour faire ce deuil. Il faut bien comprendre que ce passage difficile peut conditionner toute la vie et les décisions d'une personne à se réengager dans un projet similaire. Ce n'est pas anodin. Combien de personnes rencontre-t-on en entreprise qui ont été malmenées dans un projet dont le bilan n'a pas été fait, et qui ne se réengageront jamais dans un autre projet ? Que d'énergie perdue !

Il est toujours possible de trouver des éléments positifs à tirer d'un projet, même si l'on considère, en se basant sur les objectifs initiaux que cela a été un échec

Bien sûr, dans le cas de Sarah, inutile de dire que ce projet n'est sûrement pas un échec, mais une aventure humaine, personnelle et collective extrêmement intéressante, capitalisable à souhait. Il est juste dommage que le bilan collectif avec l'équipe n'ait pas pu être organisé et formalisé.

Quelques conseils

- Budgétez 1 % du coût du projet pour le bilan.
- Prenez le temps d'écouter les personnes et proposez un accompagnement pour celles qui le nécessitent.
- Faites animer le bilan par une personne externe au projet pour éviter une animation « trop passionnée » et favoriser la prise de recul.
- Faites votre bilan personnel par écrit.
- Si votre bilan personnel est difficile à « avaler » ou tout simplement à dresser, écrivez sur une feuille de papier tout ce qui vous passe par la tête, défoulez-vous, traitez les différents acteurs de tous les noms d'oiseaux possibles et brûlez la feuille !

CHAPITRE 11

CONTINUER DE CRÉER

Depuis ce début d'année 2012 houleuse, beaucoup d'eau a coulé sous les ponts.

DÉCOUVERTE DE MES MOTEURS

À l'arrivée de la STEF Windsurf Transatlantic, j'ai traversé un autre océan, celui du questionnement, de l'acception de soi, de la remise en question, et enfin de l'analyse. Mais il m'a fallu du temps pour digérer toutes mes aventures. Six ans de maturation, deux ans de préparation et seulement vingt jours d'exécution. L'énergie me manquait après tant de travail et d'implication.

D'abord, il a fallu accepter que je n'avais pas réussi à atteindre la Guadeloupe avec ma planche, ensuite de ne pas m'en vouloir, puis réaliser que mes objectifs avaient été atteints et que de nombreuses personnes m'en félicitaient. J'ai ensuite voulu comprendre pourquoi, comment j'en étais arrivée là, afin d'établir un nouveau scénario qui pourrait me permettre de retenter l'aventure. Et puis il a fallu combler le vide. Savoir quoi faire, après avoir focalisé toute mon attention sur ce projet pendant si longtemps. Cette dernière démarche m'a obligée à réaliser un travail de fond sur ce qui me caractérise, me passionne. Poser mes valeurs, mes envies, mes projets, sur une feuille blanche un beau matin d'été, m'a permis de dessiner la suite de ma carrière.

Pour moi, une chose était certaine : ma place est en mer, l'environnement au centre de mes préoccupations, l'aventure et la découverte sont mes moteurs.

Alors que je courais depuis l'implantation de mon défibrillateur, je me suis pris un mur à pleine vitesse, un obstacle m'invitant à faire une pause. Comme si j'avais atteint mes objectifs sans m'en rendre compte, la mer a fait barrage pour que je réalise que le point de chute de cette aventure importait peu. Ce n'était pas tant le lieu d'arrivée qui importait, que la façon dont j'avais monté et réalisé cette aventure.

J'ai mis deux mois pour récupérer complètement sur le plan physique. Le mental, lui, a mis plus longtemps. Si la sensibilité qui me caractérise me fait vivre mes projets à 100 % sans protection, c'est aussi grâce à cette caractéristique que j'arrive à avancer dans la vie en totale harmonie avec mes convictions profondes. Il a donc fallu plus de temps à mon cerveau pour faire le tri.

J'ai repris les entraînements et participé à quelques compétitions locales. Mais mon corps était encore fragile : je me suis cassé deux côtes en plein été 2012, en surfant sur la houle bretonne. Une blessure qui m'a immobilisée toute la saison et permis de me questionner sur mes projets futurs. Il m'est arrivé de recroiser Chacha. Même si j'avais toujours un peu de rancœur, nos relations étaient courtoises. Avec le temps, j'ai compris pourquoi ce capitaine émérite avait réagi de la sorte, et je lui ai pardonné. Je sais qu'au travers de ses expériences passées, Philippe a côtoyé la mort de près. Il a aussi deux filles qui me ressemblent et partagent ma passion pour la vague. Peut-être a-t-il fait un transfert en me regardant me mettre à l'eau alors que les conditions étaient difficiles et le but intenable ? Peut-être. Mais comme le dit si bien Bernard Werber, « Parfois on se trompe dans l'analyse d'un événement parce qu'on reste figé dans le seul point de vue qui nous semble évident ». Il est clair que j'ai manqué d'efficacité dans la gestion d'équipe et que je n'ai pas assez préparé en amont les différents scénarios possibles. Si j'avais posé sur le papier un plan A, B et C, cela aurait certainement rassuré mes compagnons de route.

Côté technique, si je repars un jour, il me faudra optimiser mon matériel pour qu'il puisse s'écarter du vent de façon plus rapide et importante ; et aussi améliorer tous les aspects essentiels du défi, à savoir l'alimentation, la récupération et le cadrage de mon équipe. Après, il restera toujours un élément difficile à déterminer : la météo. C'est justement en raison de ce mystérieux phénomène que les marins repartent en mer, à la découverte de nouvelles aventures marines. Face à la nature, rien n'est écrit d'avance.

RENCONTRE ET AVENTURE, CARBURANT DE MA VIE

Depuis mon retour en France, encore plus sensibilisée à l'environnement par ma traversée, j'ai suivi de près le projet de construction du barrage de Belo Monte, au Brésil, dans l'État du Pará, le troisième plus gros barrage au monde. J'ai entendu parler du déplacement des premiers Indiens. Immédiatement, j'ai pensé à mon ami Gil, natif de la région de Santarém, dans ce même État, que j'avais rencontré en 2007, lors d'une campagne de compétition au Brésil (deux Coupes du monde et un championnat national).

Je prépare aujourd'hui mon départ pour une expédition en stand-up paddle en Amazonie, sur le Rio Tapajós, pour aller à la rencontre de l'ethnie des Mundurukus et découvrir les dangers qui les menacent.

Parallèlement, j'ai embarqué à bord d'Aquaera, le trimaran cinquante pieds skippé par le navigateur français Julien Mabit. Au poste de tacticienne, j'ai multiplié les navigations jusqu'à ce que l'évidence me saute aux yeux. Le large m'envoûte. Ma passion pour cet élément et les sensations que l'on ressent seul en mer m'invitent à continuer l'aventure marine. Alors, j'ai repensé à mes mains posées sur la barre d'un trimaran 60 pieds en 2006 pour le départ de la Route du Rhum et de ce pincement au cœur quand j'ai dû quitter le pont du bateau pour rejoindre l'équipage dans le Zodiac d'accompagnement. Mais aussi ce dernier « Rhum » en 2010, où Yves Écarlat, un ami calédonien d'adoption, a pris le large pour sa deuxième participation. Dans le ventre de son bateau, assise face à la table à carte du capitaine, j'écoutais Yves me donner ses dernières impressions, mais c'en était trop. Savoir que cette fois non plus je ne partirais pas m'irritait. Ce jour-là, j'ai dit à Yves : « *C'est trop dur ! Je ne reviendrai pas à Saint-Malo. Ou si je reviens, c'est avec mon bateau.* »

Les rêves sont faits pour être réalisés et être à la barre de mon bateau au départ de cette course mythique fait partie des miens. Parce qu'il y a tout de même quelque chose à Saint-Malo, une atmosphère particulière, mystique, un mélange d'émotions postdépart, fait d'aventure et de mystère. Ceux qui ont eu la chance de suivre de près les derniers préparatifs savent de quoi je parle. Alors que le vent s'engouffre dans la cité, les bateaux rangés en rang attendent silencieusement leur heure de gloire, celle où joyeusement mais non sans crainte, ils quitteront les bassins pour vivre l'euphorie des écluses avant la furie de La Manche. La Route du Rhum, c'est avant tout une histoire d'hommes et de femmes passionnés par la voile et l'océan. C'est l'aventure de ceux qui décident de tenter tout donner pour vivre leur rêve. Cette course, elle est pour moi !

Ces deux aventures, tant au Brésil que sur la Route du Rhum, sont liées par le désir d'agir pour la protection de l'homme et de son environnement. En outre, j'ai commencé à travailler en 2013 sur un projet pédagogique de trois ans, en collaboration avec les écoles primaires du littoral morbihanais. Le but ? Nous interroger sur le thème de l'énergie. Qu'est-ce qu'une énergie verte ? Quelles énergies pour demain ? Qu'est-ce que la décroissance ? Pourquoi consommer moins ? En parallèle d'ateliers tout au long de l'année, les enfants pourront suivre mes expéditions en Amazonie et dans l'Atlantique. En outre, à leur tour, ils s'engageront dans un défi d'établissement qui aura pour but de réduire la consommation d'énergie. Voilà les deux projets qui me motivent aujourd'hui. Une chose est sûre : mon avenir est au large, que ce soit sur mer ou le long d'une rivière. La nature sera toujours mon unique repère, la rencontre et l'aventure le carburant de ma vie.

Tout a une fin…

Comme je l'ai précisé au tout début de cet ouvrage, j'ai rencontré Sarah quelques semaines après son incroyable défi de traversée de l'Atlantique en planche à voile. Elle était en pleine période de bilan de son projet et de réflexions sur son avenir personnel et professionnel.

Nous avons, au fil de rendez-vous successifs, échangé sur son projet, sur l'intérêt de se mettre au mode projet et bien sûr sur son avenir. J'ai pu, je pense, lui apporter des grilles de lecture méthodologiques qui ont permis une analyse moins globale, plus précise et une « mise en mode projet » de ses aventures futures.

Au fil de cet accompagnement, j'ai vu son regard sur son projet évoluer et observé son exceptionnelle capacité d'intégration des techniques de gestion de projet. J'avoue qu'elle m'a vraiment surpris, car les messages que je fais passer à travers les conférences, les formations et les accompagnements que je réalise sur la conduite de projet prennent parfois très longtemps à germer… Sarah a tout de suite intégré les tenants et les aboutissants, mis en perspective à la fois pour elle et pour ses projets, et déployé ces techniques dans la préparation de ses projets futurs. Elle fait bien partie de ces personnes « exceptionnelles » qui sont évidemment en marge de notre société et du commun des mortels, mais qui permettent d'innover, de montrer la route, et bien sûr de nous faire rêver.

→

→

J'ai rapidement proposé à Sarah de rejoindre notre équipe de consultants afin de profiter de sa formidable énergie pour transmettre des messages, notamment sur la conduite de projet. Nous avons ainsi demandé à Sarah d'animer une conférence sur son projet devant nos clients. J'ai pu ainsi voir sa capacité à communiquer, son analyse et son recul sur le projet, ainsi que son énergie « tranquille » qu'elle sait parfaitement partager. Les « retours » clients *a posteriori* m'ont confirmé leur grand intérêt pour la part de rêve que ce type de projet suscite et pour le regard décentré qui caractérise cette conférence.

Si ce projet présente des analaogies avec un projet professionnel, ce dernier relève du sport et porte des enjeux différents. Surtout, ce projet part d'un choix personnel et n'est pas imposé par l'entreprise.

Je ne sais pas mesurer les bénéfices pour Sarah de notre rencontre. En réalité, elle ne m'en a jamais vraiment parlé et je ne l'ai pas sollicitée pour savoir. Elle poursuit sa route avec force et détermination et c'est cela, l'essentiel. Ses projets prennent une coloration encore plus éthique et écologique qui correspond à son amour de la nature.

Si j'avais un dernier conseil à lui donner, ce serait de ne pas envisager une nouvelle tentative de traversée en planche à voile de l'Atlantique, car un projet doit rester unique, que son projet est au final une vraie réussite, et qu'il y a tellement d'autres projets à mener pour nous faire rêver... À la question « Le referas-tu, Sarah ? » peut-être est-il temps de dire NON !

→

CONCLUSION

« Fais de ta vie un rêve, et d'un rêve une réalité. »

Qui mieux que l'écrivain et aviateur français Antoine de Saint-Exupéry peut illustrer cette citation, dont il est l'auteur ? Vivre sa vie, c'est entreprendre, croire, apprendre, et surtout ne pas avoir peur de se tromper. Si je n'ai pas toujours cru en moi, j'ai toujours suivi mon intuition. Plutôt obstinée, je n'ai jamais eu de certitudes sur le résultat final de mes projets, mais j'étais intimement convaincue qu'il fallait absolument que je les réalise.

Quand on sait se mettre en mode projet, passer du rêve à la réalisation, c'est déjà une belle étape accomplie. La suite concerne la méthode, souvent avec un esprit logique, les étapes s'enchaînent sans trop de difficultés. Cependant, rien ne remplace l'expérience. Aujourd'hui, je me sens bien plus forte pour réaliser mes prochaines aventures, riche de cette traversée de l'Atlantique.

Avec ce premier gros challenge, j'ai appris que la période d'écriture était primordiale. Les mois de mise par écrit du projet sont presque décisifs. Il ne faut pas négliger cette partie ni hésiter à se faire aider si les idées nous manquent. La difficulté est de penser à tout (surtout quand l'aventure que l'on prépare n'a jamais été tentée), rédiger tous les scénarios possibles et imaginables. Cette étape, j'y avais bien réfléchi, mais je ne l'avais pas assez mise par écrit. Cela aurait pu fonctionner pour un projet en solo, mais avec une équipe à terre et une équipe en mer, c'était plus difficile.

Toujours est-il que j'ai vécu une aventure sensationnelle, riche en rencontres et donc en apprentissage. Je ne regrette rien, c'était vraiment quelque chose de fort, de grand.

Le passage post-traversée m'a permis de me questionner sur la nature de mes envies, ce qui a redirigé ma vie dans une direction qui me ressemble de plus en plus. À travers ma passion pour la planche à voile, et plus globalement pour l'océan, ma vie se façonne et je découvre année après année qui je suis vraiment.

Plus qu'un passe-temps ou un objectif carriériste, pour moi, la gestion de projet pour réaliser ses rêves est une méthode efficace d'épanouissement personnel. Et en poussant la réflexion un peu plus loin, je dirais même qu'une passion peut transformer votre vie de façon incroyablement positive.

« Avec du cœur, tout est possible », hier, maintenant et pour toujours...

Merci à tous ceux qui m'ont accompagnée ces dernières années, ceux que j'ai croisés et ceux qui m'ont suivie par les médias et Internet ! L'impulsion que vous avez donnée à cette aventure a teint mon rêve d'une couleur unique.

LES RETOMBÉES POSITIVES DE LA TRAVERSÉE

Quelque 200 000 euros ont été distribués aux différents prestataires de la STEF Windsurf Transatlantic.

Au niveau des médias : 74 articles sur Internet ; 25 articles dans divers magazines et quotidiens ; 13 sujets traités à la télévision ; 20 interviews données à différentes radios.

Quelques diffuseurs partenaires : ***Paris Match/Le Monde/ La Croix****/BFM/* ***TF1-Le JT****/ Le journal de la Santé FR5/ France3/ FranceÔ /M6/ Nouvelle Calédonie 1ère/ Ouest France/ Le Télégramme/ Les Nouvelles calédoniennes/ RTL/ France Bleu Armorique/ Doctissimo/ Télé Star/ RFI/ France info/ Euro Sport/ Voiles & Voiliers/ Morbihan Le Mensuel/ Voiles magazine…*

Site internet de Sarah Hébert : ww.windsurf-transatlantic.com

de la période du 15 décembre 2011 au 30 avril 2012 : 38 950 visiteurs uniques et 204 378 pages vues. Autant de trafic sur le site : http://www.sarahetstef.com avec 100 messages de soutien provenant des employés de la STEF.

Youtube : 151 260 vues.

Facebook : 3 921 "J'aime » sur la page Pro Sarah Hébert ; 1 365 "J'aime » sur la page STEF Windsurf Transatlantic.

Twitter : 177 tweets ; 425 abonnés

4 132 joueurs sur la traversée en ligne de live skipper http://www.liveskipper.com/windsurf2012/

19 000 visiteurs uniques, 108 000 visites et 550 788 pages vues. (en moyenne, 6,21 min).

14 500 employés mobilisés pour l'entreprise STEF et 25 000 chez Boston Scientific dans cette belle opération de communication qui a su motiver en interne tous ces salariés.

Marraine de l'opération « 1 site, 1 défibrillateur » lancée en interne chez STEF pour équiper l'intégralité de ses 225 sites en Europe de défibrillateurs cardiaques en 2012.

Et autant de cœurs qui ont battu pour les mêmes valeurs !

QUELQUES TÉMOIGNAGES DU COEUR

DES EMPLOYÉS STEF

Nicolas, le 11/03/2012 21:16

« Tu dois être déçue, mais bravo quand même pour l'effort et la persévérance dont tu as fait preuve. Et pour l'humilité d'arrêter avant que l'irréparable ne se produise. J'ai beaucoup aimé les photos et vidéos de l'océan, c'était magique !

À bientôt pour de nouvelles aventures ! »

Yohan B, le 09/03/2012 19:01

« Merci Sarah et bravo pour tout ce chemin parcouru !

De par votre envie d'aller plus loin, malgré les difficultés, vous nous avez fait rêver durant nos pauses café ou nos échanges avec nos collaborateurs.

Il faut avoir un sacré mental pour entreprendre ce genre d'aventure. Et j'espère qu'elle vous remplit de joie, car « oser et agir », c'est ce qui permet de réussir.

Certes, la réussite aurait été forcement plus belle si vous aviez pu terminer votre aventure. Mais parfois, il faut savoir s'arrêter au bon moment, et continuer son action sous une autre forme. Il faut beaucoup de courage pour prendre une telle décision, car trop souvent, elle est synonyme d'échec ou d'interrogations sur les conséquences de ce choix. Pourtant, combien de réussites sont en fait l'œuvre de l'arrêt d'une action ?

J'espère que vous continuerez « à oser et à agir » comme vous le faites pour continuer de fédérer cette admiration auprès de votre entourage (certainement), de nos collaborateurs et de toutes les personnes qui s'intéressent à votre aventure humaine.

Bon courage ! »

Anne, Joëlle et Anne, le 09/03/2012 17:17

« Sarah, nous sommes fières que les valeurs de notre groupe soient portées par une femme courageuse, volontaire et enthousiaste. Le défi était ambitieux, mais Neptune en avait décidé autrement. Nous espérons pouvoir t'encourager à nouveau et très vite.

Bises marines. »

Martins Manuel, le 24/02/2012 15:43

« Celui qui attend que tout danger soit écarté pour mettre les voiles, ne prendra jamais la mer. Merci Sarah, pour cette belle leçon de courage et de cœur.

Toute léquipe de Stef Tours. »

James [STEF-Paris], le 24/02/2012 10:13

« Bonjour Sarah,

Je vous souhaite un vent favorable et une mer relativement calme pour votre parcours ! La traversé de l'Atlantique sur une planche série en 25 jours est un défi honorable et courageux, ne perdez pas le moral pour des incidents techniques.

Bon courage à vous et à votre équipe ! »

Sannier Dominique (STEF Rouen), le 23/02/2012 09:28

« Bonjour Sarah,

On parle beaucoup de toi ici à STEF Rouen, de ton courage, de ta détermination à aller jusqu'au bout. Nous te soutenons de tout notre cœur, on est avec toi.

Bon vent Sarah ! »

Martin Carroll, le 22/02/2012 13:05

"Good luck Sarah! Everyone at STEF Seafood in Scotland and England sends their support."

DES EMPLOYÉS BOSTON SCIENTIFIC

Michael Onuscheck, Senior Vice President and President, Europe, Middle East and Africa, le 30/04/2012

" Dear sarah,

Thank you for dreaming big and inspiring others to do the same. Your journey was a step toward a lofty dream and we all look forward to what is next and possible!

Best of life"

Elliott O'Neil

"Gook luck Sarah!

You are such an inspiration to the world

Sincerely, Mrs.Carol Emani

Sarah, We are all behind you in every way… thanks for making a difference and beiing an inspiration to others!"

Timette Nevala

"Hi sarah!

Sending you the best wishes from BSC Colombia! Your quest make us really proud of you. God bless you in every mile of your journey.

Best regards"

Ana Christina Correa

"Sarah, Your dedication to your sport, your passion for life, your perseverance in setting out to do this and not using the word « can't » is very inspiring. All the bets for you on this journey. Be safe and take care."

Laure Tournefier

« Chère Sarah,

Nous suivons avec enthousiasme, passion et surtout beaucoup d'admiration votre progression et sommes très fiers d'être à vos côtés symboliquement sur la voile qui vous porte et surtout en pensées et dans nos cœurs ! Qui mieux que vous pouvez incarner ce magnifique slogan « Avec le cœur tout est possible » ? Personne ! Pas un jour ne passe sans que nous ayons une pensée pour vous soutenir ! Au nom de tous les salariés de Boston Scientific EMEA bons vents ! Nous avons hâte de célébrer avec vous votre arrivée ! »

Gloria Leon

"Thanks for being an example of determination, courage and brave heart ; for being so in love of life, your experience makes me feel so proud of what I do every day. We are here for people like you, who believe no matter what. You're a champion!"

Luis I. Rodriguez Colon

"Sarah,

In the middle of all the bad news that are going in the world, YOU make the difference in making awareness not only for the heart disease person ; for everybody that has hope and want to do things different. So proud of learders like you. Hope you have fun in your journey and God Bless you always. Go Sarah. »

SUR LE SITE WINDSURF-TRANSATLANTIC.COM

Du côté de Poitiers, la famille Schneekonig

« C'est aussi une grande force que de mesurer ses propres limites. Tu as réalisé un grand exploit et comme on peut le lire dans les nombreux messages en ton honneur, dans le cœur de tes supporters, TU ES UNE GRANDE ! Bravo pour ta détermination, ton courage et ton parcours ! On pense tous très fort à toi et on t'embrasse très très fort. »

Franck, Montpelier

« Même si tu n'es pas allé au bout, ce que tu as fait est un véritable exploit ! Les windsurfers dont je suis sont admiratifs du courage dont tu as fait preuve. La mer est bien trop forte, tu es digne de ce qu'avait fait en son temps Arnaud de Rosnay… Bonne chance pour la suite ! »

WindSurf Tunisie

« Subjugué, et en admiration, nous le sommes tous. On suit ton périple et ce défi de titans quotidiennement. On sait tous que ce n'est que partie remise, même Neptune à failli perdre sa couronne et son trident… Tu lui en as fait voir de toute les couleurs… On ne rigole pas avec la Nouméenne ! Bravo ! »

Roland

« L'Aventure avec un grand A fut passionnante à suivre. Merci Sarah de nous l'avoir fait partager. Bon vent pour les défis futurs et une fois encore : Bravo ! Même si ce bravo paraît bien « pâle » au vu de la performance réalisée !

P.S. : *surtout quand je pense qu'après une demi-journée de navigation en mer, moi je suis « mort »…) »*

Joan .POE Nouvelle Calédonie

« Félicitations Sarah !! d'avoir réussi à mettre en œuvre ce projet et d'avoir eu le courage de te lancer dans cette aventure…. et à l'eau au milieu de l'Atlantique aussi.. Même si cela ne s'est pas finalisé à 100 % et que tu as peut être un goût amer de déception pour le moment, l'expérience personnelle que tu en as retiré et tout ce chemin parcouru (en amont et sur l'eau) ne peuvent que te rendre fière et te renforcer pour l'avenir. Toi au moins tu l'as tenté et tout fait pour concrétiser ton rêve. Bravo ! »

Vincent Sourdaine

« Bravo Sarah, Quel bel exemple pour tous les patients implantés ! C'est une leçon de vie pour chacun d'entre nous qui démontre que

l'on peut continuer à avancer, nourrir des projets, même lorsque l'on a pu un moment se sentir diminué. La volonté que vous avez démontrée pour revenir est exceptionnelle. Bravo pour l'exemple que vous inspirez. »

Marc

« *Bonjour Sarah, Oui, tu as fait ce que tu as pu. N'aies aucun regret. Ces derniers temps, j'ai très souvent pensé à toi. Tu étais là-bas sur l'Atlantique, dans ces conditions particulièrement difficiles, et moi, un peu en guise de* « *solidarité* », *j'étais en train de me faire implanter mon Boston... Bien sûr, je ne me suis pas laissé mettre ce bidule par pure solidarité, mais le moment était assez bien choisi pour qu'une forme de* « *passerelle* » *soit établie. Je suis sportif (bien moins que toi) également et je comprends que tu avais certainement besoin de* « *prouver* » *quelque part, à tous et à toi-même, ce dont tu étais capable. Ce n'est que partie remise. Jj'ai pris connaissance de tout ce que tu avais fait pendant ta préparation, et rien que cela, vaut déjà un immense coup de chapeau !! Bravo Sarah, merci pour ce bel exploit. Tu as un cœur* « *gros comme ça* » *!* »

INDEX

Crédits photographiques

Page I : Olivier Baron, 2010 OLIVIER BARON PHOTOGRAPHE

Page II haut et bas : famille Hébert

Page III : Droits réservés, 2006

Page IV : Julien Cailly / Banzai Prod, 2010

Pages V, IX, XVI : John Carter, 2010 / pwaworldtour.com

Pages VI, VII, XI, XII, XIII, XIV, XV : Pierre Bouras, 2011-2012

Page VIII : Droits réservés

Page X : Thierry Tching, 2011

Mise en page : Florian Hue

IMPRIM'VERT

Certifié PEFC
Ce produit est issu de forêts gérées durablement et de sources contrôlées.
PEFC 10-31-2568
pefc-france.org

Achevé d'imprimer : EMD S.A.S.
N° d'éditeur : 4978 - N° d'imprimeur : 28577
Dépôt légal : septembre 2013
Imprimé en France

Cet ouvrage est imprimé - pour l'intérieur - sur papier Ambergraphic 90 g des papeteries Arctic Paper, dont les usines ont obtenu la certification environnementale ISO 14001 et opèrent conformément aux normes ECF et EMAS